Andar como Jesús anduvo
Volumen 3

Cumplir
La
Gran
Comisión

Loren VanGalder
Spiritual Father Publications

Contenido

Introducción...1

1 Los primeros pasos en el ministerio de Jesús
(Juan 1:26-51)...13

2 El plan del Maestro...27

3 ¡Manos a la Obra!...31

4 La cosecha: abundante; los obreros: pocos (Mateo
9:35-38)...43

5 El primer viaje misionero (Mateo 10:1-20)...49

6 La dificultad de ser un discípulo (Mateo
10:2142)...59

7 La misión de los setenta (Lucas 10:1-24)...71

8 Los discípulos de Jesucristo...83

9 Liderar como Jesús lideró...95

10 Un pastor como Jesús (Juan 10:1-21)...105

11 La importancia del trabajo (Juan 5:16-47)...119

12 Cuatro viñedos (Mateo 20:1-16; 21:28-46)...133

13 Después de la caída (Juan 21)...145

14 Tres advertencias alarmantes
(Mateo 7:13-27)…159

15 El peligro de la hipocresía (Mateo 23)…171

16 De vuelta a casa (Lucas 4:14-30)…185

17 Preparándose para la muerte…197

Conclusión: Estaré contigo siempre (Mateo 28:1620)…207

Introducción

¿Estás en Jesucristo? ¿Permaneces en Él? ¿Andas como Él anduvo? La meta para nosotros en esta serie es ser la presencia de Jesucristo en este mundo, según 1 Juan 2:5-6 (RVR):

Por esto sabemos que estamos en él: El que dice que permanece en él, debe andar como él anduvo.

En el primer volumen hablamos de aprender a caminar con Jesús, y en el segundo, de la naturaleza de su reino. Ahora, ¿qué sigue? Jesús lo hizo muy claro, en lo que nosotros llamamos la Gran Comisión, que se predica en toda conferencia misionera:

Se me ha dado toda autoridad en el cielo y en la tierra. Por tanto, vayan y hagan discípulos de todas las naciones, bautizándolos en el nombre del Padre y del Hijo y del Espíritu Santo, enseñándoles a obedecer todo lo que les he mandado a ustedes. Y les aseguro que estaré con ustedes siempre, hasta el fin del mundo (Mateo 28:18-20).

Algunos creen que solo se aplica a los apóstoles y no a todos los cristianos, pero Cristo dice que la tarea de formar discípulos dura hasta el fin del mundo. ¡Seguramente es para nosotros! A través de los siglos, muchos han hablado de cumplirla. De hecho, debe ser el deseo de cada cristiano. ¿Es posible cumplirla en tu vida? Yo creo que sí; nunca hemos tenido tanto a nuestro alcance para hacerlo posible como ahora.

¿Qué piensas de esta proposición?

La única razón por la cual Jesús demora en volver a esta tierra y establecer su reino es la necesidad de cumplir esta comisión y ofrecer la salvación a todas las naciones.

Dios no está contento con ver las guerras, el hambre y el sufrimiento de la gente hecha a su imagen. No le complace ver el pecado cada vez más perverso o las vidas e iglesias destruidas por Satanás. Hace milenios que Él ha querido atar a Satanás y sus demonios en el infierno. Pedro dijo en 2 Pedro 3:9: *El Señor no tarda en cumplir su promesa, según entienden algunos, en la tardanza. Más bien, él tiene paciencia con ustedes, porque no quiere que nadie perezca, sino que todos se arrepientan.* Y Jesús dijo en Mateo 24:14: *Este evangelio del reino se predicará en todo el mundo como testimonio a todas las naciones, y entonces vendrá el fin.* Lo que Cristo describe de su regreso en ese capítulo solo sucederá cuando el evangelio se predique en todo el mundo.

Características importantes que señalan el cumplimiento de la Comisión

- La prédica se centra en el reino de Dios.
- La actividad principal es la formación de discípulos.
- Una parte integral del ministerio es el bautismo en agua, que simboliza el perdón del pecado, la muerte del viejo hombre y nuestra unión con Cristo.
- Toda palabra de Jesús estudiada y enseñada con el fin de obedecerla.

Durante años, hubo campañas evangelísticas que solicitaron la participación de todas las iglesias en una ciudad. Las iglesias abandonarían sus diferencias y durante un tiempo trabajarían juntas, con todas sus energías enfocadas en la campaña. Si vamos a cumplir la Gran Comisión, necesitamos la participación de cada creyente, iglesias que proveen un buen discipulado, líderes capacitados y todos los dones espirituales funcionando. Es decir, que el cuerpo de Jesús tiene que estar en condiciones excelentes, saludable, como un atleta preparado para la carrera más importante de su vida. ¡Estamos preparando a la novia del Cordero para su boda!

Cumplir la Gran Comisión no implica grandes cruzadas, la distribución de Nuevos Testamentos a todos, programas en la televisión o visitas a cada casa. Esas cosas podrían ser buenas, pero no son lo que Cristo describe como nuestra comisión.

Entonces, ¿qué deberías estar haciendo?

Hay tantos enfoques en la iglesia hoy. ¡Puede ser muy confuso! Y hay verdad en cada uno. Como Pablo lo describe en 1 Corintios 12, hay mucha diversidad en el cuerpo de Jesús: algunos son pies, otros son manos, etc. Separados, son disfuncionales. Para funcionar bien, necesitamos que todos los miembros del cuerpo trabajen juntos para cumplir la Gran Comisión.

Jesús no lo hace muy complicado. La vida de muchos cristianos se transformaría si se enfocaran en estas dos prioridades:

1. Andar diariamente como Jesús anduvo.
2. Trabajar para el cumplimiento de la Gran Comisión.

¡Pero casi no escucho nada sobre ellas en las iglesias de hoy!

La necesidad de líderes para cumplir la comisión

Ya es hora de levantar líderes en la iglesia que no siguen modelos seculares, sino el ejemplo y la enseñanza de Jesús. Puedes decir: "¡Pero yo no soy un líder!" Es cierto que no todos son líderes;

hay muchos más seguidores que líderes. Hay una variedad de llamados y dones. No todos son apóstoles o pastores; algunos tienen dones menos visibles, como el servicio o la administración. Hay personas a quienes Dios les ha dado muchos talentos, y otras con menos. Pero Dios quiere que cada creyente sea un servidor: *el que quiera hacerse grande entre ustedes deberá ser su servidor, y el que quiera ser el primero deberá ser esclavo de los demás, así como el Hijo del Hombre no vino para que le sirvan, sino para servir y dar su vida en rescate por muchos* (Mateo 20:26-28).

En sí mismo, ser activo en las obras que Jesús confió a sus discípulos (los 12 y los 72) no garantiza la bendición de Dios. Lo importante es hacer la voluntad de Dios: *No todo el que me dice: "Señor, Señor", entrará en el reino de los cielos, sino solo el que hace la voluntad de mi Padre que está en el cielo. Muchos me dirán en aquel día: "Señor, Señor, ¿no profetizamos en tu nombre, y en tu nombre expulsamos demonios e hicimos muchos milagros?"* (Mateo 7:21-22). Hay algo que Dios tiene para ti. Las consecuencias de no hacer su voluntad son feas y eternas. Lee este libro con esta petición en tu corazón: ¿Cuál es tu voluntad para mí, Señor? ¿Qué parte tengo yo en el cumplimiento de la Gran Comisión?

La importancia del fruto en la vida del cristiano

Juan Bautista advirtió a los judíos sobre las consecuencias de ser infructuoso: *El hacha ya está puesta a la raíz de los árboles, y todo árbol que no produzca buen fruto será cortado y arrojado al fuego* (Mateo 3:10). Jesús dijo casi lo mismo en el Sermón del Monte, para todos sus discípulos: *Todo árbol que no da buen fruto se corta y se arroja al fuego* (Mateo 7:19). En la parábola de la semilla y los cuatro tipos de terreno, el único buen terreno es el fructífero. Hay varios niveles de la cosecha, pero lo importante es que hay fruto: *pero el que recibió la semilla que cayó en buen terreno es el que oye la palabra y la entiende. Este sí produce una cosecha al treinta, al sesenta y hasta al ciento por uno* (Mateo 13:23). Tú, como cada cristiano, eres sal y luz dondequiera que Dios te haya colocado. Él quiere usar tu vida para el beneficio de su reino. Puede ser hablando con un compañero de trabajo, cuidando a un vecino enfermo o enseñándole la Palabra a tu hijo.

El resultado natural de permanecer en Jesús es dar mucho fruto; el que no permanece no puede dar fruto y será quitado y quemado (en el infierno): *Yo soy la vid y ustedes son las ramas. El que permanece en mí, como yo en él, dará mucho fruto; separados de mí no pueden ustedes hacer nada. El que no permanece en mí es desechado y se seca, como las ramas que se recogen, se arrojan al fuego y se queman* (Juan 15:5-6). La persona con un llamamiento más amplio recibirá un ministerio aún más extenso: *Al que tiene, se le dará más, y tendrá en abundancia. Al que no tiene, hasta lo poco que tiene se le quitará* (Mateo 13:12).

La importancia de nuestras obras en las epístolas

Dios ha confiado a todos los creyentes el mensaje de reconciliación. Para aquellos que dicen que no todos están llamados a evangelizar, Pedro dice: *Estén siempre preparados para responder a todo el que les pida razón de la esperanza que hay en ustedes* (1 Pedro 3:15). Tú eres su embajador. Llevar ese mensaje al mundo es una parte muy importante de ser cristiano:

Todo esto proviene de Dios, quien por medio de Cristo nos reconcilió consigo mismo y nos dio el ministerio de la reconciliación: esto es, que en Cristo, Dios estaba reconciliando al mundo consigo mismo, no tomándole en cuenta sus pecados y encargándonos a nosotros el mensaje de la reconciliación. Así que somos embajadores de Cristo, como si Dios los exhortara a ustedes por medio de nosotros: «En nombre de Cristo les rogamos que se reconcilien con Dios» (2 Corintios 5:18-20).

No solo los líderes son los sacerdotes; todos somos un linaje escogido y real sacerdocio con la tarea de proclamar las obras de Dios: *Pero ustedes son linaje escogido, real sacerdocio, nación santa, pueblo que pertenece a Dios, para que proclamen las obras maravillosas de aquel que los llamó de las tinieblas a su luz admirable* (1 Pedro 2:9). Los líderes de la iglesia no hacen todo el evangelismo y el ministerio; su tarea es capacitar a la iglesia para la obra de servicio. Obviamente, ese servicio incluye el evangelismo y el ministerio sobrenatural en el mundo, pero el énfasis en Efesios 4 es la edificación del Cuerpo de Jesús: *Él mismo constituyó a unos, apóstoles; a otros, profetas; a otros, evangelistas; y a otros, pastores y maestros,* **a fin de capacitar al pueblo de Dios para la obra de servicio,** *para edificar el cuerpo de Cristo* (Efesios 4:11-12).

El resultado natural de nuestra fe es buenas obras: *Así también la fe por sí sola, si no tiene obras, está muerta* (Santiago 2:17). La iglesia tiene prioridad en tu servicio, pero hacer el bien a todos es la meta para cada creyente: *No nos cansemos de hacer el bien, porque a su debido tiempo cosecharemos si no nos damos por vencidos. Por lo tanto, siempre que tengamos la oportunidad, hagamos bien a todos, y en especial a los de la familia de la fe* (Gálatas 6:9-10). Dios te hizo para que hicieras buenas obras, que Él ya ha preparado para ti: *Porque somos hechura de Dios, creados en Cristo Jesús para buenas obras, las cuales Dios dispuso de antemano a fin de que las pongamos en práctica* (Efesios 2:10). Disfrutar de las bendiciones de Dios es parte de ser cristiano, pero conforme a la bendición que hemos recibido, debemos ser ricos en buenas obras:

A los ricos de este mundo, mándales que no sean arrogantes ni pongan su esperanza en las riquezas, que son tan inseguras, sino en Dios, que nos provee de todo en abundancia para que lo disfrutemos. Mándales que hagan el bien, que sean ricos en buenas obras, y generosos, dispuestos a compartir lo que tienen. De este modo atesorarán para sí un seguro caudal para el futuro y obtendrán la vida verdadera (1 Timoteo 6:17-19).

¿Estás convencido de que hay algo que Dios quiere que tú hagas en su reino? ¿De que tú tienes una parte en cumplir la Gran Comisión? Esta parábola debe eliminar cualquier duda.

La parábola de los talentos

Este pasaje en Mateo 25 (y otra parábola similar en Lucas 19:12-27) es quizás el más claro acerca de la responsabilidad de cada creyente de ser fructífero (un estudio más profundo de todo Mateo 25 se encuentra en el volumen anterior de esta serie).

Todos los siervos recibieron monedas de oro, en varias cantidades:

[14] »El reino de los cielos será también como un hombre que, al emprender un viaje, llamó a sus siervos y les encargó sus bienes. [15] A uno le dio cinco mil monedas de oro, a otro dos mil y a otro solo mil, a cada uno según su capacidad. Luego se fue de viaje.

Tradicionalmente, esta parábola ha hablado de "*talentos*" (como se la traduce la Reina Valera), pero Jesús está hablando de dinero (así la NTV dice "*bolsas de plata*"). Puede incluir dones, talentos, tiempo u otros recursos. Recibieron diferentes montos, "*según su capacidad*" (NTV: *Lo dividió en proporción a las capacidades de cada uno*). Nadie recibió más o menos de lo que podría usar. La parábola en Lucas contiene el mismo mensaje, pero los detalles son diferentes: Hay diez hombres; cada uno recibió la misma cantidad de dinero (NTV: *dividió entre ellos cinco kilos de plata*).

[16] El que había recibido las cinco mil fue en seguida y negoció con ellas y ganó otras cinco mil. [17] Así mismo, el que recibió dos mil ganó otras dos mil. [18] Pero el que había recibido mil fue, cavó un hoyo en la tierra y escondió el dinero de su señor.

Nadie perdió o desperdició el dinero del amo. El que recibió más tiene más iniciativa: fue enseguida a negociar con sus monedas. Solo el que recibió mil monedas no hizo nada; lo escondió.

¿Qué has hecho con tu talento?

El día siempre llegará (cuando Cristo venga, a la muerte o posiblemente antes) cuando tengamos que rendir cuentas a Dios por las habilidades que Él nos ha dado:

[19] »Después de mucho tiempo volvió el señor de aquellos siervos y arregló cuentas con ellos. [20] El que había recibido las cinco mil monedas llegó con las otras cinco mil. "Señor —dijo—, usted me encargó cinco mil monedas. Mire, he ganado otras cinco mil". [21] Su señor le respondió: "¡Hiciste bien, siervo bueno y fiel! En lo poco has sido fiel; te pondré a cargo de mucho más. ¡Ven a compartir la felicidad de tu señor!" [22] Llegó también el que recibió dos mil monedas. "Señor —informó—, usted me encargó dos mil monedas. Mire, he ganado otras dos mil". [23] Su señor le respondió: "¡Hiciste bien, siervo bueno y fiel! Has sido fiel en lo poco; te pondré a cargo de mucho más. ¡Ven a compartir la felicidad de tu señor!"

La cantidad de fruto era proporcional al don; Dios está contento con la persona que hace lo que puede con lo que se le da; no es *cuánto* tenemos, sino lo que *hacemos con lo que tenemos*. No mires con envidia a la persona que tiene diez talentos y te desanimes porque solo tienes uno. Dios pone a la persona que ha sido fiel *"a cargo"* de mucho más. Dios nos hizo a su imagen y es su expectativa de que seamos fructíferos. La recompensa es responsabilidades multiplicadas.

En Lucas, donde recibieron la misma cantidad, uno la multiplicó por diez, otro solo por cinco. Pero eso no importa; son recompensados conforme a lo que hicieron con sus habilidades. Se les dio el gobierno de ciudades (10 para el que ganó 10 veces, 5 para el otro). Estamos hechos para gobernar, y esa es la expectativa de Dios para el siervo fiel (para aprender más sobre eso, lee mi libro sobre la vida del Rey Saúl, <u>Hecho</u> <u>para</u> <u>reinar</u>).

La situación es muy diferente para el siervo que no hace nada con lo que Dios le ha dado; el Señor no acepta las excusas de la persona que no usa su don:

[24] »*Después llegó el que había recibido solo mil monedas. "Señor —explicó—, yo sabía que usted es un hombre duro, que cosecha donde no ha sembrado y recoge donde no ha esparcido.* [25] *Así que tuve miedo, y fui y escondí su dinero en la tierra. Mire, aquí tiene lo que es suyo".* [26] *Pero su señor le contestó: "¡Siervo malo y perezoso! ¿Así que sabías que cosecho donde no he sembrado y recojo donde no he esparcido?* [27] *Pues debías haber depositado mi dinero en el banco, para que a mi regreso lo hubiera recibido con intereses.*

Este siervo tenía un concepto negativo del amo y tenía miedo. El siervo malvado en Lucas hizo lo mismo. No podían excusarse diciendo que era demasiado y estaban abrumados; fue su pereza y odio al amo. La consecuencia de no usar nuestro don es perderlo (se le da a alguien que sabe cómo usarlo), y ser condenado al infierno:

[28] »"*Quítenle las mil monedas y dénselas al que tiene las diez mil.* [29] *Porque a todo el que tiene, se le dará más, y tendrá en abundancia. Al que no tiene se le quitará hasta lo que tiene.* [30] *Y a ese siervo inútil échenlo afuera, a la oscuridad, donde habrá llanto y rechinar de dientes".*

A la persona fructífera le recibe más; Dios quiere que tengas una abundancia, pero tienes que trabajar por ello. Dios llama a este siervo que no hizo nada «inútil». Aunque algunos no pueden hacer mucho (no tienen muchos talentos o capacidades), Dios espera algún fruto de cada uno de sus siervos. Y sí, somos siervos, llamados a servir a Dios. No es opcional. Tú eres un mayordomo de lo que Dios te ha dado; cuando lo descuidas, lo derrochas o no lo aprovechas, estás en rebelión y pecado, y te espera un castigo fuerte.

- ¿Cuántos talentos has recibido? ¿Qué otros recursos tienes que puedes usar para el reino de Dios?
- ¿Qué estás haciendo con esos talentos?
- ¿Cómo ha sido tu registro de fecundidad en el pasado?
- ¿Estás convencido de que Dios quiere algún fruto de tu vida?
- ¿Eres útil o inútil para Dios?

Tú tienes una parte en cumplir la Gran Comisión

Es sumamente importante andar con Jesús y experimentar la vida de su reino para comenzar a trabajar en la obra de cumplir la Gran Comisión. Hay demasiados ejemplos de personas con muchos celos de evangelizar y trabajar en misiones que no están caminando como Jesús caminó. Ese carácter y madurez son esenciales. Cada cristiano debe reflejar el carácter del Señor y hacer las cosas que Él hizo. Es hermoso y esencial tener una relación viva con Jesús y disfrutar de la vida en su reino, pero hay un paso más: Jesús te está llamando a trabajar y ser fructífero. Un árbol frutal puede crecer durante varios años antes de dar fruta, pero su propósito es ser fructífero. El árbol infructuoso es arrojado al fuego. Vamos a ver que en el reino sucede lo mismo.

La Biblia deja claro que cada cristiano tiene una parte en cumplir la Gran Comisión. No todos son líderes, pero Cristo ha preparado buenas obras para ti y te capacita con dones y el poder del Espíritu Santo para ese ministerio. No todos irán a los confines de la tierra, pero cada persona es un embajador de Cristo, ya sea en Jerusalén, en Samaria o incluso en otros países. Y cada cristiano debe desear que otros experimenten la misma salvación y la nueva vida que él ha experimentado. Todos tienen la oportunidad de liderar en su esfera; ya sea en el trabajo, la comunidad, la iglesia o en el hogar, como una madre con sus hijos. Moisés no pensó que fuera el libertador de su nación, pero tuvo un encuentro con Dios en una zarza ardiente y su vida se transformó. Este libro puede ser tu zarza ardiente.

1

Los primeros pasos en el ministerio de Jesús

Juan 1

Mientras que el diablo tentó a Jesús en el desierto, Juan el Bautista estaba bautizando a los pecadores arrepentidos en preparación para la venida del Mesías. Ahora es el momento de presentar a esta persona desconocida. Hay mucho en estos primeros días de su ministerio que podemos aprender acerca de andar como Jesús y prepararnos para cumplir la gran comisión.

26 —Yo (Juan Bautista) bautizo con agua, pero entre ustedes hay alguien a quien no conocen, 27 y que viene después de mí, al cual yo no soy digno ni siquiera de desatarle la correa de las sandalias.

Preparando el camino para Jesús: Arrepentimiento y humildad

¿Estás listo para una relación viva con Jesús? Por desgracia, muchos "cristianos" hoy nunca han experimentado un arrepentimiento genuino. ¿Por qué digo eso?

- No se han humillado a sí mismos para reconocer y confesar la profundidad de su pecado y su necesidad de Dios.

- No están desconsolados por el daño que han hecho a sus seres queridos y a Dios.

- No odian el pecado; incluso toleran pecados que los separan de Dios.

- Vacilan entre el camino espacioso del mundo y el camino angosto (Mateo 7:13-14), pero la triste realidad es que muchos andan más en el camino ancho.

Dios quiere exaltarte, pero primero tienes que humillarte. Aquí vemos la humildad de Juan, algo que a muchos ministros les falta. En lugar de entender que no son dignos de servir al Rey de reyes, creen que son muy especiales, incluso indispensables, en el reino de Dios. Edifican grandes templos y predican prosperidad, pero no saben lo que es lavar los pies de la gente humilde. Puede ser que Dios te haya dado un ministerio hermoso, fructífero y bendecido. Es fácil exagerar su importancia (y la tuya), pero solo eres un siervo del Maestro. Tal como Juan, estamos preparando el camino para su venida, cuando Jesús reinará con gloria y poder. No somos dignos del gran privilegio de ser sus embajadores y representantes en este mundo, pero por su gracia nos llama y nos capacita para servirle.

¿Eres consciente de que tenemos que preparar el camino para el regreso de Jesucristo? La parte más importante de esa preparación es nuestra obediencia a su Gran Comisión. ¿Predicas arrepentimiento y humildad para preparar a la gente para recibir a Cristo? ¿Cómo está tu humildad? ¿Crees que has experimentado un arrepentimiento genuino?

Andar como Jesús es andar de incógnito

Jesús ya estaba entre ellos, pero no lo sabían. ¡El nombre de Jesús ni siquiera se menciona en los primeros dieciséis versículos del Evangelio de San Juan! Él es tan grande que Juan

Bautista no es digno de desatarle la correa de las sandalias, pero su identidad sigue siendo un misterio. Es natural que busquemos la aclamación del mundo para ser conocidos como pastores exitosos, pero Jesús no hizo nada para llamar la atención de los discípulos de Juan, ni hizo nada para restar importancia al ministerio de Juan.

Dos veces (en los versículos 31 y 33) Juan también dice que *"no lo conocía"*. ¡Qué extraño! Porque el mismo Juan saltó en el vientre de su madre cuando escuchó la voz de María (Lucas 1:41). Eran primos, y supondrías que habrían pasado tiempos juntos en todos esos años. ¡Pero Juan dice que nunca lo conocía! Es posible estar muy cerca de Jesús y no conocerlo; es aún más común tener algún conocimiento de Jesús, pero no andar como Él anduvo. Jesús ya está entre nosotros también. ¡Qué triste tener a alguien tan especial tan cerca y no saber quién es! ¡Peor aún, cantarle alabanzas, sin realmente conocerlo! Y, así como los líderes religiosos en el tiempo de Juan no conocían a Jesús, es posible tener un gran ministerio y nunca conocer a Cristo (Mateo 7:21-23).

Tú puedes tener una palabra o un llamado de Dios, pero puedes permanecer desconocido; tienes que andar de incógnito. Está bien. Nadie conocía a Jesús tampoco (¡ni siquiera su propia familia lo conocía a Él!).

Jesús revelado

²⁸*Todo esto sucedió en Betania, al otro lado del río Jordán, donde Juan estaba bautizando.*

Los que estaban con Juan no tuvieron que esperar mucho tiempo para la revelación del Maestro:

[29]*Al día siguiente Juan vio a Jesús que se acercaba a él, y dijo: «¡Aquí tienen al Cordero de Dios, que quita el pecado del mundo!* [30] *De este hablaba yo cuando dije: "Después de mí viene un hombre que es superior a mí, porque existía antes que yo".* [31] *Yo ni siquiera lo conocía, pero, para que él se revelara al pueblo de Israel, vine bautizando con agua».*

Andar como Jesús anduvo es someterse

Juan mismo dijo que Jesús era superior a él, pero Jesús se sujetó voluntariamente a Juan. Le dio preferencia para que Juan pudiera cumplir su ministerio, y se sometió al bautismo de Juan:

Entonces Jesús vino de Galilea a Juan al Jordán, para ser bautizado por él. Mas Juan se le oponía, diciendo: Yo necesito ser bautizado por ti, ¿y tú vienes a mí?

Pero Jesús le respondió: Deja ahora, porque así conviene que cumplamos toda justicia. Entonces le dejó. Y Jesús, después que fue bautizado, subió luego del agua; y he aquí los cielos le fueron abiertos, y vio al Espíritu de Dios que descendía como paloma, y venía sobre él. Y hubo una voz de los cielos, que decía: Este es mi Hijo amado, en quien tengo complacencia (Mateo 3:13-17).

Cuando andamos como Jesús, nos sometemos a las autoridades que Dios ha establecido; primero a Dios, pero luego a los pastores o apóstoles que Dios ha puesto en nuestras vidas. La humildad se manifiesta en tomar el lugar más bajo y no buscar la posición.

Juan dice que vino bautizando con agua *para que* Jesús se revelara a Israel. Jesús no tuvo que arrepentirse, pero algo sobrenatural sucedió en ese bautismo que permitió la revelación de Jesús. El Espíritu Santo descendió sobre Él y recibió la aprobación del Padre.

Andar como Jesús es costoso

La sumisión de Jesús al propósito de su Padre era muy costosa. Suena bien ser el lindo *"Cordero de Dios"*, y muy noble *"quitar el pecado del mundo"*. Pero ser un cordero significa ser un sacrificio. Jesús pagó el precio de nuestros pecados con su propia sangre. Murió en esa cruz como una propiciación para nosotros, para redimirnos y reconciliarnos con Dios.

¿Has pagado un precio alto por servir a Jesús? ¿Hay cosas que has tenido que sacrificar o negarte para seguirlo?

Andar como Jesús anduvo es enfatizar el perdón del pecado

Aquí tenemos el primero de los dos propósitos que Juan proclama para el ministerio de Jesús: Cristo quitó el pecado de todo el mundo, *porque de tal manera amó Dios al mundo, que dio a su Hijo unigénito, para que todo aquel que en él cree no se pierda, sino que tenga vida eterna* (Juan 3:16). Cuando hablas con alguien acerca de Jesús, ¿lo ayudas a entender la naturaleza y la gravedad del pecado? ¿Incluyes siempre el perdón de ese pecado como el fundamento de una vida que agrada a Dios? ¿Estás comprometido a llevar ese mensaje al mundo entero? ¿Te ha quitado Jesús tus pecados?

[32] *Juan declaró: «Vi al Espíritu descender del cielo como una paloma y permanecer sobre él.* [33] *Yo mismo no lo conocía, pero el que me envió a bautizar con agua me dijo: "Aquel sobre quien veas que el Espíritu desciende y permanece es el que bautiza con el Espíritu Santo". [34] Yo lo he visto y por eso testifico que este es el Hijo de Dios».*

Andar como Jesús anduvo es esperar el tiempo del Señor

Jesús pacientemente (asumimos) esperó el tiempo indicado por su Padre para arrancar su ministerio; ya tenía casi 20 años de preparación. Tenía que esperar a otro ministro (Juan), quien preparó el camino para Él. Si tú estás en espera, puede ser que Dios ya tenga a alguien que te esté preparando el camino.

También hay ocasiones en que debemos reconocer y aceptar que el ministerio que Dios nos ha dado está llegando a su fin; es hora de retirarse y apoyar a otro, tal vez más grande, a quien Dios nos ha mostrado. Tenemos que ser obedientes en ese momento y ceder ante él. Juan no estaba en competencia con Jesús; sería muy feo para él mantener su ministerio de bautismo en agua mientras Jesús ya estaba bautizando con el Espíritu. Por desgracia, hay muchos que no quieren dejar algo que pertenece a otra época. Andar como Jesús es confiar y descansar en la soberanía de su Padre: Él manda, Él lo sabe todo y tiene todo en sus manos.

Andar como Jesús anduvo es enfatizar el Espíritu Santo

Juan bautizó a las multitudes, pero ya sabía que algo mucho mejor estaba por venir: el Espíritu Santo. Bautizar con el Espíritu Santo es el segundo propósito de Jesús. Jesús nos mandó bautizar con agua como símbolo de nuestra identificación con su muerte y resurrección (Mateo 28:19). Ese bautismo es diferente del bautismo de arrepentimiento de Juan, y es importante como símbolo del nuevo nacimiento. Pero hay otro bautismo aún más importante, el bautismo del Espíritu Santo, para sumergirse en el amor y el poder de Dios, y ser llenos de la tercera persona de la Trinidad. Si vamos a andar como Jesús anduvo, tenemos que predicar y administrar ese bautismo en su Nombre. ¡Qué triste que muchas veces no le demos a ese bautismo el lugar que merece! Por desgracia, incluso en las iglesias pentecostales o carismáticas, poco se escucha hoy sobre el bautismo en el Espíritu, y hay muchos que nunca lo han experimentado. El Espíritu tuvo que *descender* y *permanecer* sobre Jesús. ¡Qué bueno cuando el Espíritu desciende sobre ti en un culto ungido! Pero aún mejor cuando permanece en ti. Es imposible andar como Jesús anduvo sin el bautismo del Espíritu Santo.

Andar como Jesús anduvo es formar discípulos

35 Al día siguiente Juan estaba de nuevo allí, con dos de sus discípulos. 36 Al ver a Jesús que pasaba por ahí, dijo: —¡Aquí tienen al Cordero de Dios!

37 Cuando los dos discípulos le oyeron decir esto, siguieron a Jesús.

Juan tenía discípulos; Jesús ahora tendrá sus primeros discípulos, y Él nos manda que hagamos discípulos, como ya hemos visto en la Gran Comisión:

Por tanto, vayan y hagan discípulos de todas las naciones, bautizándolos en el nombre del Padre y del Hijo y del Espíritu Santo, 20 enseñándoles a obedecer todo lo que les he mandado a ustedes. Y les aseguro que estaré con ustedes siempre, hasta el fin del mundo (Mateo 28:19-20).

Esta fue una prueba de la humildad de Juan: él proclamó a Jesús el Cordero de Dios, pero luego le perdió a dos de sus discípulos a Él. Es muy delicado para un pastor perder algunas de sus "ovejas" a otro pastor. Ser un "ladrón de ovejas" es muy feo, pero Jesús no los robó; Juan los soltó. Es duro, pero hay ocasiones en que tenemos que soltar a alguien en la iglesia para avanzar a otro ministerio donde él pueda hacer mucho más por la gloria de Dios.

[38] Jesús se volvió y, al ver que lo seguían, les preguntó: —¿Qué buscan?

—Rabí, ¿dónde te hospedas? (Rabí significa: Maestro).

Es tentador recibir de inmediato a alguien que sale de otra iglesia para ser parte del equipo ministerial, pero Jesús quiere conocer el motivo de sus corazones, y está bien que le preguntemos a alguien que viene a la iglesia: ¿qué buscas?

Estos dos hombres no buscan posición o poder; solo quieren saber dónde mora Jesús, ir a su casa y estar con Él. Eso agrada a Jesús. No lo buscamos por sus bendiciones, un milagro, éxito en el ministerio ni prosperidad. Simplemente queremos estar con Él y morar en su presencia.

[39] —Vengan a ver —les contestó Jesús.

Ellos fueron, pues, y vieron dónde se hospedaba, y aquel mismo día se quedaron con él. Eran como las cuatro de la tarde.

¡Estos son sus primeros discípulos! ¡Qué emoción! Pero Jesús simplemente los invita a que vengan a ver. No hay compromiso ni promesas de ser parte de un gran ministerio. Primero tienen que obedecer ese mandato para llegar donde está Jesús, y luego observarlo. Y de esa manera invitamos a la gente interesada en la casa de Dios; les damos la oportunidad de ver a Jesús y les permitimos ver cómo su presencia impacta y transforma a otros. En este caso, se quedaron con Él, y así debería ser cuando alguien entra en la morada de Jesús y lo ve en toda su gloria: quiere quedarse con Él. Cuando alguien viene a tu iglesia, ¿ve a Jesús? ¿O solo ve una banda profesional, un gran predicador elocuente o un templo hermoso? Si no se queda, ¿es posible que le resulte difícil ver a Jesús entre todo el humo y la bulla?

Los primeros pasos en el ministerio de Jesús

Si tienes la oportunidad de invitar a alguien a tu hogar, espera que pueda ver un matrimonio cristocéntrico, hijos que honren a sus padres y la paz de Cristo. Si invitas a alguien nuevo a tu casa, asegúrate de que tu familia esté segura y de que los invitados no le quiten el tiempo que debes dedicarle.

Los primeros evangelistas

[40] *Andrés, hermano de Simón Pedro, era uno de los dos que, al oír a Juan, habían seguido a Jesús.* [41] *Andrés encontró primero a su hermano Simón, y le dijo: —Hemos encontrado al Mesías (es decir, el Cristo).*

[42] *Luego lo llevó a Jesús, quien, mirándolo fijamente, le dijo: —Tú eres Simón, hijo de Juan. Serás llamado Cefas (es decir, Pedro).*

Cuando tú encuentras algo tan hermoso como Jesús, tienes que compartir las nuevas con tu familia. Andrés fue el primer evangelista. Jesús no buscó ni llamó a Pedro, quien sería el más importante de los doce; su hermano lo buscó y, cuando lo encontró, compartió la noticia y se lo llevó a Jesús.

Jesús no vio a un pescador ni a un pecador; vio una roca y el potencial de Pedro. Cuando andamos como anduvo Jesús, cada persona tiene gran importancia. Hay momentos en que tenemos que mirar fijamente a alguien, y en ese momento el Señor puede darnos una palabra de ciencia acerca de él. Esa palabra, si es dada por el Espíritu, puede tener un gran impacto en su vida. Cuando andas con Jesús, tú puedes soltar un destino y un llamado en la vida de un joven.

Andar como Jesús es andar de tal manera que puedas decir: Sígueme.

⁴³Al día siguiente, Jesús decidió salir hacia Galilea. Se encontró con Felipe, y lo llamó: —Sígueme.

Jesús está comenzando algo que va a incluir a millones de personas, pero inicia con una persona a la vez. Ya hemos visto a algunos que mostraron interés en Jesús y en dónde Él moraba. Ahora Jesús toma la iniciativa y llama a Felipe: "Sígueme." Ser un discípulo de Jesús es seguirlo. Cuando tomamos esa decisión, iniciamos una peregrinación en el camino angosto que nos lleva al cielo. Siempre debemos fijar nuestros ojos en Jesús y seguirlo dondequiera que vaya.

Puede sentirse incómodo al decirle a alguien: "sígueme". Claro que es a Jesús a quien tienen que seguir, pero también necesitamos modelos humanos. Cuando andas como anduvo Jesús, puedes llamar a alguien para que te siga, creyendo que esa persona verá a Jesús en ti y buscará al Maestro. Y es apropiado llamar a alguien que Dios te ha mostrado para ser parte de tu equipo ministerial.

¿Cómo está tu vida? ¿Andas de tal manera que puedas llamar a alguien para que te siga?

⁴⁴Felipe era del pueblo de Betsaida, lo mismo que Andrés y Pedro. ⁴⁵ Felipe buscó a Natanael y le dijo: —Hemos encontrado a Jesús de Nazaret, el hijo de José, aquel de quien escribió Moisés en la ley, y de quien escribieron los profetas.

Cuando testificas a alguien, no necesitas un mensaje muy profundo ni un gran conocimiento de la Palabra (aunque ese conocimiento es muy útil y debemos prepararnos). Puedes simplemente compartir lo que tú has encontrado. Por desgracia, no siempre recibirás una respuesta positiva.

46 —*¡De Nazaret!* —*replicó Natanael*—. *¿Acaso de allí puede salir algo bueno?*

No todos van a compartir tu entusiasmo por Cristo. Vas a encontrar diversos prejuicios entre la gente, ya sea de otra religión o iglesia, o debido a los hipócritas que han conocido. No tenemos que condenar, discutir o predicarles. Felipe respondió muy sabiamente:

—*Ven a ver* —*le contestó Felipe.*

Andar como Jesús anduvo es invitar a la gente a venir a Cristo y verlo

¡Felipe ya estaba andando como Jesús! ¡Dijo exactamente lo que dijo Jesús el día anterior! El Espíritu Santo es libre de revelar a Cristo cuando das ese paso de fe para ir y buscar a Dios. Si tienen ojos (y corazones) abiertos, verán maravillas.

47 *Cuando Jesús vio que Natanael se le acercaba, comentó:* —*Aquí tienen a un verdadero israelita, en quien no hay falsedad.*

Puede ser que Jesús ya sabía que Natanael era un caso más complicado, pero Jesús sabe exactamente cómo entablar una conversación con él. Algunos dirían que Jesús está echando flores, pero decir algo positivo acerca de alguien (que también es la verdad) es una buena manera de llamar la atención.

Jesús era un experto en estudiar a la gente. Además de tener la capacidad sobrenatural de ver lo que hay en alguien, estoy seguro de que Él pudo ver la duda en la cara de Natanael cuando se le acercó. Es fácil ignorar el lenguaje corporal, pero hay que prestar mucha atención a los ojos, a la expresión de la cara y a la postura de una persona, y responder en consecuencia.

Andar como Jesús es operar en revelación sobrenatural

Dios puede dar a cada creyente el don de profecía o palabra de ciencia, para decir algo que solo Dios puede revelar. Mira más allá de las apariencias, al corazón, y espera para ver si Dios te revelará algo acerca de él.

[48]—¿De dónde me conoces? —le preguntó Natanael.

Jesús aún no ha ganado a Natanael; el tipo sigue a la defensiva. Pero ahora, una revelación sobrenatural lo va a convencer.

—Antes de que Felipe te llamara, cuando aún estabas bajo la higuera, ya te había visto.

[49]—Rabí, ¡tú eres el Hijo de Dios! ¡Tú eres el Rey de Israel! —declaró Natanael.

¡Qué cambio tan drástico! Hay personas que son más difíciles de convencer, pero a veces son las personas que estarán más entregadas al Señor. Natanael no estaba cerrado, solo era escéptico.

[50]—¿Lo crees porque te dije que te vi cuando estabas debajo de la higuera? ¡Vas a ver aun cosas más grandes que estas! Y añadió: [51] —Ciertamente les aseguro que ustedes verán abrirse el cielo, y a los ángeles de Dios subir y bajar sobre el Hijo del hombre.

Andando con Jesús, verás el cielo abierto y la gloria de Dios

¿Estás listo para cosas más grandes? ¿Estás listo para un cielo abierto? ¿Crees que si caminas con Jesús, tú también vas a ver maravillas?

¿Qué te llama la atención en el caminar de Jesús aquí? ¿Cómo puedes seguir su ejemplo? ¿Crees que Dios puede darte una palabra de ciencia acerca de alguien que podría llevarlo a los pies de Jesús? ¿Deseas andar como Jesús anduvo?

2

El plan del Maestro

H ubo muchas cosas que Cristo hizo mientras caminaba en esta tierra:

- Enseñó sobre la vida en el reino.
- Explicó la ley y la resumió en dos mandamientos: ama a Dios y ama a tu prójimo.
- Sanó a los enfermos.
- Liberó a los endemoniados.

Cuando caminamos con Jesús, nosotros también podemos enseñar su palabra y ayudar a la gente a obedecerla. Podemos sanar al enfermo y liberar al endemoniado. Pero Jesús probablemente dedicó solo unas pocas horas al día al ministerio público de enseñanza y milagros.

Lo más importante que hizo Jesús fue único: llevó el pecado del mundo al morir en la cruz y compró nuestra salvación con su propia sangre. Nada más que Jesús hizo puede igualar la importancia de ese sacrificio expiatorio, pero lo logró en cuestión de unos pocos días. No lo podemos repetir, pero tenemos que proclamar estas buenas nuevas al mundo.

Entonces, ¿cómo pasó Jesús la mayor parte de su tiempo? Aparte de su muerte salvadora, lo más importante que hizo (aún más importante que la enseñanza y los milagros) fue invertir su vida en los doce discípulos. No es casualidad que ese sea el enfoque de su Gran Comisión: hacer discípulos. Yo también puedo invertir mi vida en otros, y probablemente debería poner la misma prioridad en el uso de mi tiempo.

La estrategia de multiplicación de Dios

La iglesia ha gastado miles de millones de dólares en seminarios, libros y materiales de capacitación. Miles de millones más en cadenas de televisión, cruzadas y películas. Obviamente, ellos han impactado muchas vidas, pero yo anhelo la sencillez de Cristo. Creo que hemos perdido de vista la estrategia muy básica (y gratuita) que Jesús usó con tanta eficacia. Es la simple relación de un creyente más maduro con un cristiano más joven. Digo "más maduro", porque un cristiano con seis meses en Cristo que está siendo discipulado puede ayudar y alentar a un nuevo creyente. No requiere mucho entrenamiento. Tu edad es irrelevante, y no tienes que ser un gigante espiritual o tener toda tu vida en orden.

Cómo cumplir la Gran Comisión durante tu vida

Hay una estadística sorprendente que ha capturado mi imaginación durante muchos años. No entiendo por qué no le prestamos más atención: la posibilidad increíble de impactar a una nación es tan obvia. Tal vez el enemigo nos ha engañado porque sabe lo poderoso que es. Es algo tan simple: solo tengo que discipular a un hombre este año. Al año siguiente, él también discipula a un solo hombre, mientras yo inicio con alguien nuevo. Cada año, todos los que están siendo discipulados buscarán a un solo hombre nuevo para discipular. No abandonamos al primer hombre después de ese primer año; mantenemos la relación mientras nos enfocamos en el nuevo discípulo. Después de diez años, yo he discipulado a diez hombres. Pero, si todos son fieles a seguir el modelo, estos serían los números:

Después de 10 años: 1,000 hombres

Después de 20 años: un millón

Después de 30 años: mil millones

Y todo comienza conmigo, con una sola persona. No estamos hablando de "decisiones", sino de discípulos sólidos de Jesucristo. Incluso si solo la mitad de los hombres discipulados fueran fieles para ayudar a otra persona, ¡yo habría alcanzado 500 millones en 30 años!

¿Por qué no hacer lo que Jesús nos mandó hacer?

Vayan y hagan discípulos de todas las naciones, bautizándolos en el nombre del Padre y del Hijo y del Espíritu Santo, enseñándoles a obedecer todo lo que les he mandado a ustedes (Mateo 28:19-20).

Jesús nunca nos mandó construir organizaciones grandes o templos hermosos. Él nos mandó hacer discípulos. Hay que seguir el plan de Jesús. No necesitamos otra forma nueva y mejorada de ser la iglesia. Jesús escogió a doce hombres. Ese número fue muy significativo para los judíos, debido a sus doce patriarcas y tribus. Jesús podría manejar doce, pero te estoy sugiriendo que inicies con uno. Por supuesto, si Dios te guía, puedes trabajar con más, pero parece que más de doce sería muy difícil.

Ahora, siguiendo este modelo sencillo, ¿qué sería necesario para hacer discípulos de cada persona en este mundo dentro de unos quince años? Estiman que la población del planeta Tierra será de unos 8,500 millones. Podríamos hacer discípulos de cada una de esas personas en diez años y cumplir con la gran comisión si empezamos ahora con 8,500,000 creyentes siguiendo el modelo. Pero vamos a ser realistas y decir que necesitamos diez años para entrenarlos y tener los 8.5 millones necesarios para la obra. Creemos en Dios por 8,500 personas preparadas para hacer un discípulo este año. Aun si concedemos que necesitamos otros diez años para preparar los materiales necesarios, Biblias, fondos y educación, dentro de treinta años podemos cumplir con la Gran Comisión.

Por supuesto, no sabemos el tiempo del Señor y no vamos a imponer nuestro programa sobre Dios u otros. Sabemos que no todos van a aceptar a Jesús; de hecho, serán una minoría. Pero nos da una idea del poder del plan del Maestro. Lo último que necesita este mundo es otra agenda, otro programa u otro "apóstol" que va a organizar esto y gastar miles de millones para promover su plan en todo el mundo. Dios no trabaja así. Yo estoy muy seguro de que Dios puede manejarlo. Su Espíritu Santo puede mover a todas las personas y todos los recursos necesarios. Nosotros solo tenemos que ser fieles y andar como Jesús anduvo.

3

¡Manos a la obra!

¿Por dónde empezamos? ¿Cuándo empezamos? ¿Por qué posponerlo más? ¿No estás seguro de lo que Jesús quiso decir? ¿Aún no estás convencido? Por muy clara que sea la estrategia de Jesús y por muy efectiva que haya demostrado ser, por alguna razón parece que hacemos todo lo posible por evitar dar los pasos sencillos para implementarla. Te advierto: se necesita fe, la unción del Espíritu Santo y mucho trabajo duro. Si ya has empezado a andar como Jesús anduvo después de leer los dos primeros libros, este es el siguiente paso lógico.

Entonces, ¿cuál es el problema?

Si esta es la clave para alcanzar al mundo para Cristo, y si el Padre solo está esperando a que se complete la Gran Comisión para enviar a Jesús de regreso a esta tierra, es totalmente lógico que Satanás haga todo lo posible por detenerlo.

Al empezar, espera todo tipo de preguntas y condenas por parte de los demás. A lo largo de los siglos, ha habido mucho abuso y perversión en el discipulado. El mundo está muy familiarizado con los escándalos de abuso sexual relacionados con la formación de sacerdotes en la Iglesia Católica. La intimidad de la relación puede dar a hombres impíos la oportunidad de controlar, manipular y abusar de jóvenes sinceros. En algunos casos hay abusos con el control que ejercen los "ancianos" sobre aquellos a quienes pastoreaban. Recientemente, ha habido múltiples informes de problemas con el movimiento emergente de "apóstoles", aquellos que brindan "cobertura espiritual" y "padres espirituales". Algunos exigen pago, lealtad absoluta o una sumisión malsana a todos sus deseos. No dejes que los excesos, que lamentablemente existen cada vez que hay un mover de Dios, te impidan hacer lo que Dios te ha llamado a hacer.

El Nuevo Testamento es claro sobre el papel de los apóstoles en la supervisión de las iglesias y sus líderes. Pablo ejerció repetidamente su autoridad sobre las iglesias que fundó. La iglesia siempre ha tenido alguna forma de discipulado. Pablo dijo de los corintios: «*De hecho, aunque tuvieran ustedes miles de tutores en Cristo, padres sí que no tienen muchos, porque mediante el evangelio yo fui el padre que los engendró en Cristo Jesús.*» (1 Corintios 4:15). Pablo se dirige a su discípulo: «*A Timoteo, mi verdadero hijo en la fe*» (1 Timoteo 1:2), y de nuevo: «*Así que tú, hijo mío, fortalécete por la gracia que tenemos en Cristo Jesús*» (2 Timoteo 2:1). La naturaleza de su relación es evidente en estas referencias: «*Timoteo, hijo mío, te doy este encargo porque tengo en cuenta las profecías que antes se hicieron acerca de ti.*» (1 Timoteo 1:18) y «*Con este propósito envié a Timoteo, mi amado y fiel hijo en el Señor. Él les recordará mi comportamiento en Cristo Jesús, como enseño por todas partes y en todas las iglesias*» (1 Corintios 4:17).

Permitan que el Espíritu Santo te confirme lo que desea para ti. Cuando estés listo, aquí tienes algunos pasos prácticos para comenzar, basados en lo que hizo Jesús. Si bien hacer discípulos es importante en la estrategia de Jesús, en mis cincuenta años como cristiano, he escuchado muy pocas enseñanzas sobre cómo hacerlo.

El primer paso para elegir un discípulo

Lucas 6:12 nos da antecedentes importantes que Marcos y Mateo omiten:

Por aquel tiempo se fue Jesús a la montaña a orar, y pasó toda la noche en oración a Dios.

Jesús ya tenía algunos discípulos, pero ahora va a designar algunos apóstoles. Es tan importante que Él pasó toda la noche hablando con su Padre, la única vez registrada en que Jesús oró toda la noche. Aunque la selección de tu "discípulo" puede parecer obvia, busca un lugar tranquilo donde puedas pensar y orar sin interrupciones. Apaga el teléfono. Tal vez incluso puedas ir a un retiro y pasar un tiempo serio en comunión con Dios. Esta es una decisión que cambiará la vida de otra persona (¡y la tuya también!).

Marcos 3 da la guía simple para iniciar una relación de discipulado:

13 Después subió al monte, y llamó a sí a los que él quiso; y vinieron a él.

Jesús llamó a los que quería

- La iniciativa te corresponde a ti, el padre (o madre) espiritual. No esperes a que alguien venga y te diga que quiere ser discipulado.

- No te sientas mal por ser selectivo. Tú no tienes que hacer un gran anuncio de a quién eliges. Mucha gente no entenderá lo que estás haciendo. Cuestionarán tus motivos en la selección de uno y no del otro. No dejes que eso te desanime.

- El que no fue elegido puede estar celoso. No hagas nada que fomente esos celos, sino mantente firme en lo que crees que Dios te ha llamado a hacer.

- ¿Qué sucede si la persona no quiere? Puede sentirse incómoda al ser señalada. Si se niega, debes volver al Señor en oración. Tal vez él solo necesita un poco de tiempo para pensarlo.

- Ten cuidado con cómo lo presentas. No le pongas exigencias. No tienes que decir: "Creo que Dios me ha llamado a ser tu padre (o madre) espiritual." Por lo general, esta relación será natural. La mayoría de mis "hijos espirituales" ya me veían como su padre espiritual antes de comenzar un discipulado más intenso, porque oraron conmigo para recibir al Señor.

- Aunque el ejemplo de Jesús pone la carga sobre el mentor para iniciar la relación, algunas personas pueden ser tímidas para hacerlo. Está bien decirle a alguien: "Quiero ser tu estudiante y que tú seas mi mentor». Luego ora y confía en el Señor para su confirmación. No te angusties si él dice que ya tiene todo lo que puede manejar y no puede. Sigue orando para que Dios provea a alguien.

Ellos vinieron a Él

- Ten cuidado de no hacer la relación demasiado intensa. Sí, puedes ser guiado por el Señor y puede ser su voluntad que tú discipules a esa persona. Estos discípulos vinieron a Jesús, pero tú no eres Jesús. La persona tiene la libertad de venir a ti o no. Deja que Dios trate con él si decide no venir. Y si él quiere terminar la relación, no lo hagas sentir culpable.

- Debe haber entusiasmo por parte del creyente más joven. No intentes crear algo que no esté allí. Si él acepta tu invitación, podría confirmar que has escuchado del Señor.

- Resiste cualquier inclinación a controlarlo o usarlo para tu propio beneficio. Cristo dio su vida por sus discípulos, y debemos estar dispuestos a hacer lo mismo. Si tú eres el discípulo, está atento a cualquier esfuerzo por parte de un padre espiritual para controlarte. Duele ver cambios preocupantes en alguien que amas y que ha tenido un impacto positivo en tu vida, pero no dejes que eso te ciegue ante la posibilidad de abuso espiritual. Por desgracia, está rampante en la iglesia hoy.

- Jesús nunca le pidió un centavo a ninguno de sus discípulos. Nunca deben presionarte para que "ofrendes" por una cobertura apostólica o el discipulado.

¹⁴ *Y estableció a doce, para que estuviesen con él, y para enviarlos a predicar,*

Nombró 12 y los designó apóstoles

1. Los Doce eran un grupo claramente definido. Dentro de los Doce había un círculo íntimo de tres (Pedro, Jacobo y Juan). Parte del crecimiento en Cristo es aceptar tu llamado y lidiar con la envidia de aquellos que no fueron llamados. Como muchos creyentes de hoy, incluso los discípulos de Jesús cayeron en la carne, y hubo competencia entre ellos para ser el más grande.

2. Aunque Jesús no era un aficionado a los títulos, hay un lugar en algunas iglesias para la designación de alguien para una función específica. Puede ser importante que la iglesia sepa que la persona cuenta con tu apoyo.

Para que estuvieran con Jesús

*   La parte más importante del discipulado es simplemente estar juntos. Es esencial que sea más que una reunión semanal. Conoce a su familia, visita su trabajo, ve al gimnasio o haz algo divertido juntos. Invítalo a tu casa para que él te pueda observar en relación con tu familia.

*   Sí, él va a ver si realmente estás "andando como Jesús anduvo". No es tan difícil parecer espiritual en una reunión de una hora para estudiar las Escrituras y orar juntos. Pero él tiene que verte en tu mejor y peor momento. Eso está bien. No tienes que ser perfecto. Sé real, pero busca la gracia de Dios para ser un buen ejemplo.

Los envió a predicar

*   Pasa tiempo con él hablando y orando acerca de su llamado y sus dones. Quieres animarlo a desarrollar y utilizar esos dones. ¡Nunca dejes que tus celos lo detengan! Si él asiste a un ministerio mayor en otros lugares, ¡gloria a Dios!

*   Dale oportunidades para estirar sus músculos espirituales, ya sea predicando en la iglesia, saliendo juntos en un viaje misionero, evangelizando o alguna otra experiencia práctica. Asegúrate de prepararlo adecuadamente y luego dale tiempo para reflexionar y analizar la experiencia.

15 y que tuviesen autoridad para sanar enfermedades y para echar fuera demonios: (RVR)

Él les dio autoridad para sanar y expulsar demonios

- Una de las cosas más importantes que podemos fomentar en un joven es la autoridad espiritual y la autoridad apropiada en su familia. Jesús comenzó la Gran Comisión en Mateo 28 diciendo: *"Se me ha dado toda autoridad en el cielo y en la tierra"*. Él nos concede esa autoridad, ya que obedecemos su mandamiento para hacer discípulos. No puedes ganar ni comprar autoridad; nos la otorga alguien con mayor autoridad. Es posible que tú puedas concederle esa autoridad en ciertas situaciones o ayudarlo a crecer en la autoridad que Dios le ha dado.

- Es fácil abusar de la autoridad. Los discípulos hablaron de hacer descender fuego sobre los incrédulos (Lucas 9:54). Modela y enseña la autoridad apropiada.

- Enseña la realidad de la guerra espiritual y cómo lidiar con los demonios. Asegúrate de que el discípulo esté libre de cualquier fortaleza demoníaca.

- La sanidad va de la mano con la liberación. Tú quieres que su vida esté llena del poder sobrenatural de Dios. Anímalo a moverse en estas áreas.

Dios mira el corazón

Los versículos 16-19 de Marcos 3 enumeran a los discípulos, aquellos que iban a caminar con Jesús hasta su muerte. Ellos eran responsables de la realización de su misión y del establecimiento de la Iglesia. Es un grupo diverso que el Padre confirmó como los discípulos de su Hijo.

¿Quién está obviamente ausente?

- Cualquier persona religiosa, como un sacerdote o fariseo.
- Cualquier persona altamente educada. Eran *hombres sin letras y del vulgo* (RVR), *gente sin estudios ni preparación* (Hechos 4:13).
- Cualquier persona de una familia prestigiosa.
- Cualquier persona popular en Israel en ese momento.

En cambio, lo que vemos es:

- Varios pescadores ásperos y duros.
- Un odiado recaudador de impuestos.
- Gente común.
- Un par de discípulos de Juan el Bautista, él mismo un radical.
- Un tipo cuestionable que luego lo traicionaría (¿fue realmente una buena elección?).

Ese proceso que Jesús siguió al elegirlos puede ser instructivo para nosotros cuando oramos acerca de a quién vamos a discipular. Me recuerda a Samuel cuando ungió al próximo rey, de la familia de Isaí. El profeta se inclinó hacia el mejor parecido o el mayor. Pero Dios le dijo:

No mires a su parecer, ni a lo grande de su estatura, porque yo lo desecho; porque Jehová no mira lo que mira el hombre; pues el hombre mira lo que está delante de sus ojos, pero Jehová mira el corazón (1 Samuel 16:7).

Dios escogió a David, el más joven, que estaba en el campo con las ovejas. A menudo, no es el que ora más fuerte ni el más popular. Su educación en un seminario o instituto bíblico puede no significar mucho. Por lo general, no es la persona que sus pares votarían con la mayor probabilidad de éxito. Puede ser una persona con discapacidad, torpe en situaciones sociales o de un grupo minoritario. ¿Qué buscaría yo?

- Humildad: una disposición para ocupar el lugar más bajo; no ambiciosa.
- Una sólida vida devocional y de oración.
- Un estilo de vida consistente en el hogar y en el trabajo.
- Un corazón de amor por Dios, los hermanos cristianos y los inconversos.
- Disponibilidad para ser usado por Dios.
- Hambre por la Palabra de Dios.
- Un espíritu enseñable.
- Honestidad sobre su pecado y luchas personales.
- Un corazón para adorar a Dios en espíritu y en verdad.

¿Qué sigue?

Es un paso muy serio llamar a alguien e iniciar una relación de discipulado. Debes comprometerte a largo plazo, a través de los inevitables altibajos en su vida y en tu relación con él. Puedes lastimarlo profundamente si inicias una relación y luego no cumples con el compromiso cuando tu vida se vuelve demasiado ocupada. Demasiados hombres fueron abandonados por su propio padre.

- Puede que ya estés haciendo esto sin saberlo. Tal vez esto solo enfoque lo que has estado haciendo.

- Tal vez tú has sido reacio a iniciar una relación y este es el impulso que necesitabas. Es hora de ponerte en marcha.

- Tal vez has descuidado una relación de discipulado que ya tienes, y hay que confesar tu fracaso y dedicarte nuevamente a ese discípulo.

- Tal vez tú fuiste herido por un padre espiritual. Puede que tengas que perdonarlo. Dios quiere sanar esa herida y liberarte para darle a otro hombre lo que tú perdiste.

- Puede haber algunas cosas incómodas que debes enfrentar en la vida de tu hijo espiritual. Eso es parte de ser padre. O esas cosas desagradables pueden estar en tu propia vida.

- Puede que alguien a quien agradecería esta relación venga a la mente de inmediato. Puede que Dios ya haya preparado a ambos.

Hacer discípulos como Jesús hizo discípulos no es común hoy en día. Una encuesta importante realizada por Lifeway Research en 2019 encontró que menos de la mitad (48%) de los feligreses estadounidenses está de acuerdo con la afirmación "Intencionalmente paso tiempo con otros creyentes para ayudarlos a crecer en su fe". Casi dos tercios (65%) están de acuerdo con la afirmación: "Puedo caminar con Dios sin otros creyentes." ¡Eso es trágico y hace que completar la Gran Comisión sea mucho más difícil!

¿Eres un discípulo de Jesucristo? Yo creo que Él te ofrece la misma oportunidad que Jesús les dio a estos apóstoles:

- Te llama a estar con Él. ¿Has escuchado su llamado? ¿Lo has respondido?
- Jesús te envía a predicar las buenas nuevas a todo el mundo.

- Cristo te da autoridad para sanar enfermedades y liberar a los endemoniados.

¡Dios puede usarte! No descarte esa posibilidad. Ora en serio al respecto. Este podría ser el comienzo de una nueva fase de tu caminar con Jesús. Definitivamente, es parte de andar como Jesús anduvo.

4

La cosecha: abundante; los obreros: pocos

Mateo 9:35-38

Andar como Jesús anduvo nos presenta un plan muy sencillo y eficaz para alcanzar al mundo entero y cumplir la Gran Comisión. ¡Pero las cosas no siempre salen según el plan, incluso para Jesús, y Él es Dios! Cristo sabía exactamente qué hacer para formar un hombre de Dios, pero Judas terminó siendo un traidor, y Jacobo murió poco después de Pentecostés, el primer apóstol en morir mártir. Sorprendentemente, el Señor del universo tiene un problema de reclutamiento para su Gran Comisión. ¡Hay mucho más trabajo que trabajadores! No es de extrañar que Jesús dedicó la mayor parte de sus tres años de ministerio a la formación de estos doce hombres.

En Mateo 10, Jesús los envió en su primer "viaje misionero". Ese capítulo está lleno de principios importantes a seguir en el discipulado. Lamentablemente, debido a la división de capítulos (que no formaba parte del texto original), no leemos la introducción importante a ese pasaje en los últimos versículos del capítulo 9.

35 Jesús recorría todos los pueblos y aldeas enseñando en las sinagogas, anunciando las buenas nuevas del reino, y sanando toda enfermedad y toda dolencia.

No es casualidad que el verso 35 sea casi igual a Mateo 4:23:

Y recorrió Jesús toda Galilea, enseñando en las sinagogas de ellos, y predicando el evangelio del reino, y sanando toda enfermedad y toda dolencia en el pueblo.

Ambos versículos sirven como un resumen del ministerio registrado en los pasajes anteriores y una introducción a la enseñanza que sigue. En el caso de Mateo 4:23, es el Sermón del Monte; en 9:35, es la segunda de las cinco enseñanzas importantes en Mateo.

Jesús sanó *toda* enfermedad

Jesús recorrió toda Galilea. Sabemos que ya tenía discípulos que viajaban con Él, pero solo estaban observando y aprendiendo. En ese momento, Jesús estaba ministrando solo, y hay tres partes importantes de ese ministerio:

1.   **Enseñando** la Palabra de Dios en la sinagoga (hoy sería la iglesia) a los que ya son creyentes. Hay una falta muy grave de conocimiento, interpretación sana y práctica de la Biblia en la iglesia actual.

Las otras partes de su ministerio están fuera del edificio, con personas que aún no son parte del reino:

2.   **Predicando** el evangelio del reino. Tenemos que proclamar que Dios es el Rey Soberano y establecer su señorío en nuestras vidas, nuestros hogares y en la sociedad. Su reino perfecto de justicia y paz se establecerá cuando Cristo vuelva otra vez.

3.   **Sanando.** En los Evangelios y los Hechos siempre había una confirmación de la palabra predicada con señales y prodigios. Jesús sanó toda enfermedad y toda dolencia. Esa es

una de esas palabras que causan dolores de cabeza a los teólogos. *Toda* enfermedad. La misma palabra aparece en 4:23 y de nuevo en el primer versículo del capítulo 10. Hoy estamos muy contentos si un par de personas se sanan. De hecho, fácilmente excusamos la falta de sanidad ante una enfermedad muy difícil. No es así con Jesús. Con razón las multitudes se le acercaban. Si vamos a cumplir la Gran Comisión, debemos seguir este modelo de Jesús.

³⁶ *Al ver a las multitudes, tuvo compasión de ellas, porque estaban agobiadas y desamparadas, como ovejas sin pastor.*

Ovejas agobiadas y desamparadas

Jesús nunca fue impresionado por las multitudes. Claro que Él se regocijó al ver a alguien liberado de su sufrimiento, pero sabía que la verdadera necesidad era mucho más profunda. Las ovejas necesitan un pastor. Todos nosotros nos descarriamos como ovejas, cada cual se apartó por su camino (Isaías 53:6). Están confundidas y dispersas. No es tan difícil publicar una enseñanza profunda en Internet o animar a la iglesia con una predicación ungida. Cuando el poder de Dios está presente, ni siquiera es tan difícil ministrar sanidad. Por supuesto, es posible que te sientas cansado más tarde, pero también existe la emoción de ver a los cojos andar y a los sordos oír. Eso está bien. Mucha gente desea los elogios que acompañan a esos ministerios, pero el pastoreo de ovejas es una tarea continua, a menudo poco apreciado y difícil. No puedes orar por ellas y de repente ya no están agobiadas y desamparadas. Para aliviar ese dolor, se requiere un ministerio continuo. Se necesita compasión. La verdadera compasión nos obliga a ir más allá de los milagros y los cultos emocionantes. La compasión mueve nuestros corazones para cuidar realmente a la gente herida. Es difícil encontrar a esos obreros, pero la verdadera cosecha está allí. Sin ese pastoreo, la cosecha se perderá. La semilla será arrebatada por el maligno o sofocada por la lucha diaria de las ovejas por sobrevivir. El lobo vendrá y destruirá al rebaño. La necesidad es de alguien que quiera hacer discípulos y sepa cómo hacerlo. (Ver el capítulo 10 para más sobre pastorear.)

[37]*«La cosecha es abundante, pero son pocos los obreros —les dijo a sus discípulos—.*

¡La mies es mucha!

Casi siempre pensamos en esta "cosecha" como almas que necesitan salvación. Por supuesto, ellas son parte de la cosecha, pero en el contexto parece que Jesús está hablando de ovejas dispersas. Primero, tenemos una cosecha entre las muchas ovejas descarriadas que ya conocen a Jesús. ¡Pocos tienen la compasión y la paciencia para ministrarles!

Nos apresuramos a señalar la impiedad en nuestra sociedad y su resistencia al Evangelio, pero ¿estamos haciendo de Jesús un mentiroso? ¡Él dice que la cosecha es mucha! El problema parece ser con los obreros. Si la gente del mundo no responde, tal vez el problema radica en nuestros métodos de cosecha, en la forma en que hemos entrenado a los cosechadores o en la falta de la unción del Espíritu Santo. Tenemos que hacer un mejor esfuerzo para levantar una gran cantidad de obreros. Si seguimos el plan del Maestro, vamos a ver esa multiplicación.

[38]*Pídanle, por tanto, al Señor de la cosecha que envíe obreros a su campo.»*

¡Ora por obreros!

¿No es interesante que Jesús pidiera oración? ¿No crees que Él solo podría decir la palabra y su Padre levantaría a todos los obreros que necesitaría? ¡Pero no es así! Él trabaja con nosotros y, de alguna manera, ha elegido moverse en respuesta a nuestras oraciones. Es fácil orar por obreros si yo no soy uno de ellos. Pero, ¿cómo es posible ver a una oveja hambrienta y lastimada y no responder? A menudo estamos motivados para actuar por lo que estamos orando. Aquellos que oran fervientemente por la cosecha y los trabajadores necesarios tienen más probabilidades de tener la compasión de ir a esa cosecha.

En el siguiente versículo (10:1), Jesús llama a algunos de esos mismos discípulos a quienes pidió orar, dándoles autoridad y enviándolos a la cosecha. Esa es su expectativa para cada uno de nosotros. Este fue el primer paso importante para resolver la escasez de trabajadores. Ahora, su ministerio se multiplicaría.

El Señor de la cosecha

Recuerda, Dios es el Señor de la cosecha. Es *su* cosecha; no es tuya. No pertenece a ninguna iglesia en particular. Todos estamos trabajando para el mismo Maestro de la cosecha (¡ojalá!). Más importante que llenar tus propios graneros es no perder el grano maduro y trabajar juntos para asegurar la mejor cosecha. Con demasiada frecuencia, estamos socavando los esfuerzos de otros para reclamar una cosecha mayor. ¡Dios no se complace si perdemos lo que Él ha plantado y cuidado con mucho cariño!

¿Andas como Jesús anduvo?

- ¿Sigues el ejemplo de Jesús? ¿Hay una combinación de proclamación y demostración? ¿Palabra y prodigios? ¿Eres todo habla y poca acción? ¿Hay evidencia en tu ministerio de poder sobre la enfermedad y Satanás?

- ¿Predicas acerca del reino de Dios? ¿Tienes una buena compresión del reino? (Ver el segundo libro de esta serie, El ADN del Reino.)

- ¿Has visto a Dios sanar *todas* las enfermedades y dolencias? Si no, ¿por qué? ¿Crees que Jesús podría querer manifestaciones similares en la iglesia hoy?

- ¿Estás tan ocupado con milagros y predicación emocionante que ignores las necesidades de aquellos que Dios te ha confiado?

- ¿Cuándo fue la última vez que sentiste compasión por la gente que encuentras? ¿A pesar de todo el hablar de victoria, puedes ver a las muchas ovejas agobiadas y desamparadas? ¿Hay algo que puedas hacer por ellas? ¿Acaso te importa?

- ¿Qué significa pastorear a la gente? ¿Cómo está tu iglesia en ese aspecto? ¿Cómo puede mejorar?

- ¿Oras por obreros? ¿Estás haciendo tu parte? ¿Eres consciente de que los campos ya están blancos para la siega (Juan 4:35)? ¡Alza los ojos y mira! ¿Cómo puedes ayudar a tu iglesia a ver la siega?

- ¿Te comportas de una manera que reconoce que la cosecha es de Dios?

¡Estas son buenas noticias! ¡Qué emocionante vivir en esta hora! ¡Hay una gran cosecha esperándote! ¡Hay un montón de ovejas desamparadas y dispersas, hambrientas de que alguien venga a cuidarlas! ¡Sigamos adelante con el discipulado, conforme al plan del Maestro, para que podamos comenzar a multiplicar los obreros y cumplir con la Gran Comisión!

5

El primer viaje misionero
Mateo 10:1-20

E scuchamos el clamor de Jesús por obreros en los últimos versículos del capítulo 9 de Mateo. Su corazón compasivo duele por las ovejas desamparadas y dispersas que no tienen pastor. El Padre está preocupado porque los campos están listos para la cosecha—gente que su Espíritu Santo ha preparado para la salvación— pero se perderán por la falta de trabajadores. Jesús quiere volver y establecer su reino, pero está esperando a los obreros necesarios para hacer discípulos en todo el mundo y cumplir la Gran Comisión.

El capítulo diez de Mateo comienza casi igual al pasaje de Marcos tres que estudiamos en el capítulo 2 de este libro:

¹Reunió a sus doce discípulos y les dio autoridad para expulsar a los espíritus malignos y sanar toda enfermedad y toda dolencia. ² Éstos son los nombres de los doce apóstoles: primero Simón, llamado Pedro, y su hermano Andrés; Jacobo y su hermano Juan, hijos de Zebedeo; ³ Felipe y Bartolomé; Tomás y Mateo, el recaudador de impuestos; Jacobo, hijo de Alfeo, y Tadeo; ⁴ Simón el Zelote y Judas Iscariote, el que lo traicionó.

En Mateo, Jesús proporciona instrucciones detalladas para los discípulos, que también te ofrecen orientación para la formación de un discípulo y cómo empezar a evangelizar.

Ve a donde Dios te envíe

⁵ Jesús envió a estos doce con las siguientes instrucciones: «No vayan entre los gentiles ni entren en ningún pueblo de los samaritanos. ⁶ Vayan más bien a las ovejas descarriadas del pueblo de Israel.

Cuando Dios llama, capacita y envía a un apóstol, misionero u otro ministro, generalmente lo envía a un grupo específico. ¿Tienes alguna idea de a quién Dios te ha enviado?

Como siempre, las Escrituras deben ser interpretadas con mucho cuidado. Se puede deducir de las palabras de Jesús que Él no está interesado en los gentiles y comparte el desdén judío común por los samaritanos. Quizás la vacilación inicial de los apóstoles para incluir a los gentiles en el Evangelio tuvo su origen aquí, pero sabemos por otras Escrituras que no es así. Por ejemplo, en Hechos capítulo 1, Jesús específicamente los envió a los samaritanos.

Esta fue la primera asignación para los apóstoles. No será fácil para ellos ministrar a sus compañeros judíos; aún menos están preparados para manejar los desafíos del ministerio intercultural. Más tarde, irían a Samaria y al mundo entero. Todo es cuestión de tiempo. Si ellos insistieran obstinadamente en ir a Samaria, habrían sido frustrados y en rebelión, privados de la autoridad y el poder de Dios. Tenemos que escuchar atentamente la voz de Dios y saber a dónde ir y no ir.

Vamos a ver en el capítulo 10 de este libro cuán importantes para Dios son las ovejas perdidas. La prioridad para esta misión era la oveja perdida de Israel. Incluso Pablo, el apóstol de los gentiles, siempre comenzó con los judíos. No hay nada de malo en ser selectivo. Jesús no estaba siendo racista aquí, sino que estaba siendo obediente a la clara guía del Padre. Debemos hacer lo mismo.

Haz lo que Dios te dice que hagas

⁷ Dondequiera que vayan, prediquen este mensaje: "El reino de los cielos está cerca." ⁸ Sanen a los enfermos, resuciten a los muertos, limpien de su enfermedad a los que tienen lepra, expulsen a los demonios. Lo que ustedes recibieron gratis, denlo gratuitamente.

No es nuestro deber inventar nuevas formas ingeniosas de ministrar. Hay muchos buenos mensajes que los apóstoles podrían haber proclamado: amor por Dios y por los demás, el juicio de Dios sobre el pecado y la necesidad del arrepentimiento. Pero este no era el momento para esos mensajes. Aquí fue muy sencillo (¡y probablemente corto!): El reino de los cielos está cerca. Fue diseñado para crear interés y atraer a la gente a escuchar a Jesús hablar más al respecto.

Los predicadores tienen la costumbre de hablar demasiado. A menudo es mejor mantener el mensaje breve y dulce, ¡a menos que Jesús te dé una palabra larga y amarga! El mensaje equivocado en el momento equivocado puede alienar a la gente para siempre; puede ser mejor darles lo suficiente para despertar su interés y dejarlos con hambre de más. La verdad es que estos discípulos no tienen suficiente conocimiento para predicar un mensaje profundo, pero eso no debería impedir que prediques. Por supuesto, no prediques por ignorancia; predica lo que Dios te da.

Al principio, la mayor parte de su ministerio se centró en las obras, y no estamos hablando de algo ligero. Fueron enviados a:

- Curar a los enfermos.

- Resucitar a los muertos.
- Limpiar a los leprosos.
- Expulsar demonios.

Hay una gran necesidad de milagros auténticos. Si Jesús te envía a hacer ese ministerio, Él te dará la autoridad y el poder.

Lo que hemos recibido, lo tenemos que transmitir a otros de forma gratuita. Jesús había transformado sus vidas. Él dio libremente de sí mismo, como deberíamos hacer por aquellos a quienes discipulamos. Ellos, a su vez, deben dar libremente lo que reciben.

Confía en Dios para las necesidades diarias

9 No lleven oro ni plata ni cobre en el cinturón, 10 ni bolsa para el camino, ni dos mudas de ropa, ni sandalias, ni bastón; porque el trabajador merece que se le dé su sustento. 11 »En cualquier pueblo o aldea donde entren, busquen a alguien que merezca recibirlos, y quédense en su casa hasta que se vayan de ese lugar.

No siempre fue así. Hubo momentos en que Pablo insistió en pagar sus propios gastos y no recibió la hospitalidad de los demás. Más tarde, Jesús les dijo que debían tomar dinero (Lucas 22:36), pero aquí, fue un ministerio de bajo costo. Ni siquiera podían llevar una bolsa para el viaje o una muda de ropa. Jesús los estaba liberando de la autosuficiencia y les estaba enseñando la abundancia de la provisión de Dios para sus trabajadores. Pero hay que escuchar atentamente las instrucciones de Dios para cada situación; hay momentos en que estaríamos en pecado y gravemente dañaríamos nuestro ministerio si nos alojáramos en un hotel y cenáramos en restaurantes. Hay otras situaciones en las que eso podría ser necesario. La clave está en escuchar la voz de Dios y ser obediente; lo que funcionó en el último viaje puede no aplicarse esta vez.

- Nunca te avergüences de aceptar la ayuda de aquellos a quienes estás ministrando. El obrero es digno de su sustento. Si tú tienes ministros visitando tu área, sé sensible a sus necesidades y prepárate para atenderlos. Hay abusos obvios por parte de los ministros que esperan hoteles de cinco estrellas y comidas elegantes. Una cama limpia y buena comida casera es todo lo que se requiere. No desprecies a alguien que viene esperando hospitalidad, como si estuviera tratando de abusar de ti. Puede ser que sólo esté siendo obediente a las instrucciones de Dios.

- Ten cuidado de no proporcionar demasiado para tus propias necesidades, que robes una bendición de otros o pierdas oportunidades importantes para ministrar. Por lo general, es mucho mejor ministrar a una familia en su hogar que sentarse en un hotel mirando televisión, posiblemente tentado por canales para adultos.

- Dios te dirigirá a una persona "digna" que esté dispuesta a recibirte. Una vez que encuentres ese lugar, quédate allí por la duración. No te muevas porque alguien te ofrece un lugar más lujoso. Si tú estás ofreciendo hospitalidad, prepárate para hospedar a esa persona todo el tiempo. Puede ser que él simplemente esté obedeciendo al Señor y no tratando de aprovecharse de ti.

Saber cuándo sacudir el polvo de los pies

¹² Al entrar, digan: "Paz a esta casa." ¹³ Si el hogar se lo merece, que la paz de ustedes reine en él; y si no, que la paz se vaya con ustedes. ¹⁴ Si alguno no los recibe bien ni escucha sus palabras, al salir de esa casa o de ese pueblo, sacúdanse el polvo de los pies.¹⁵ Les aseguro que en el día del juicio el castigo para Sodoma y Gomorra será más tolerable que para ese pueblo.

Recibir a uno de los discípulos de Jesús es recibir a Él, y rechazarlo es rechazar a Jesús (»*El que los escucha a ustedes, me escucha a mí; el que los rechaza a ustedes, me rechaza a mí; y el que me rechaza a mí, rechaza al que me envió*» Lucas 10:16). Jesús sabe que muchos hogares o aldeas no recibirían a los discípulos. Eso no debería sorprendernos u ofendernos hoy. No chismees acerca de ellos. No te lo tomes personalmente. Sacude el polvo de tus pies y déjalos en las manos de Dios para el día del juicio. ¡Es muy serio rechazar a aquellos que Dios te ha enviado!

Se necesita mucha sensibilidad para saber cuándo perseverar en un lugar donde no eres bienvenido y cuándo irte. Los judíos se sacudieron el polvo de sus pies cuando dejaron el territorio gentil como una forma simbólica de limpiarse. Sacudir el polvo de una ciudad judía habría sido un gran insulto. Creo que desperdiciamos mucho tiempo y dinero en lugares que deberíamos haber dejado hace mucho tiempo.

Hay poder espiritual en saludar a una familia y ofrecerles la paz de Cristo. Aquí estaban ofreciendo el "shalom" judío acostumbrado, la bendición de Dios y un deseo sincero por el bienestar total de esa familia. Hay una dinámica bastante extraña aquí que la mayoría de nosotros no conocemos. Podemos dejar que nuestra paz reine en un lugar, para que esa paz llegue a ese hogar, con la paz y las bendiciones de Dios. ¡Qué privilegio y oportunidad tenemos para bendecir a otras familias! Dios nos da el discernimiento para determinar si una casa merece esa paz o no, basada en parte en la forma en que responde a nuestro saludo. Si no la merece, dejamos ese hogar y traemos ese "*shalom*" con nosotros. ¡No queremos que nuestra paz reine en una casa que no la merece! ¡No arrojes tus perlas a los cerdos!

Ovejas en medio de lobos

16 Los envío como ovejas en medio de lobos. Por tanto, sean astutos como serpientes y sencillos como palomas.17 »Tengan cuidado con la gente; los entregarán a los tribunales y los azotarán en las sinagogas. 18 Por mi causa los llevarán ante gobernadores y reyes para dar testimonio a ellos y a los gentiles. 19 Pero cuando los arresten, no se preocupen por lo que van a decir o cómo van a decirlo. En ese momento se les dará lo que han de decir, 20 porque no serán ustedes los que hablen, sino que el Espíritu de su Padre hablará por medio de ustedes.

Con estos versículos, Jesús va más allá de las instrucciones específicas para este primer viaje. Estas son implicaciones a largo plazo de servir a Jesús, tal vez hasta que regrese el Hijo del Hombre, como se menciona en el versículo 23. Se aplican a nosotros en nuestro trabajo para cumplir la Gran Comisión.

¿Por qué estamos tan sorprendidos cuando experimentamos un poco de persecución? ¡Esa es la norma! ¡Si no hay persecución, es probable que no tengas suficiente denuedo en tu testimonio! ¿Cómo hemos llegado a la idea de que todos deberían ser amables con nosotros solo porque somos cristianos? ¡Es un mundo duro! Con pleno conocimiento, Jesús envía a sus amadas ovejas en medio de una manada de lobos. Eso no significa que tengamos que convertirnos en lobos; seguimos siendo ovejas, pero no ovejas estúpidas. Tenemos que mantener la ternura de un cordero, pero ser prudentes como serpientes. Eso no significa que descendamos al nivel del mundo; tenemos que ser inocentes como las palomas. ¡No pierdas tu inocencia! El mundo puede reírse de ella, pero es valiosa a los ojos de Dios. El problema es que muchas ovejas inocentes carecen de astucia, y los lobos las destruyen. Tenemos que encontrar el equilibrio adecuado.

Hay varios comandos específicos aquí:

- Sé prudente o astuto como las serpientes.
- Sé sencillo o ingenuo como las palomas.
- Ten cuidado con la gente. No camines a ciegas. No te resistas a quienes te entreguen a las autoridades, pero debes estar alerta a lo que está sucediendo. No debemos ser cogidos desprevenidos.
- No te preocupes acerca de qué decir o cómo decirlo cuando te arresten.

También hay varias "promesas" aquí:

- Te entregarán a las autoridades locales.
- Serás azotado por los líderes religiosos (posiblemente en la iglesia).
- Te llevarán ante los gobernadores y reyes.
- Les darás testimonio.
- Serás arrestado.
- El Espíritu te dará lo que tienes que decir en el momento de necesidad.

La mayoría de nosotros no hemos experimentado este tipo de persecución, pero muchos de nuestros hermanos y hermanas en otras partes del mundo la conocen muy bien.

Esta es una parte importante del discipulado: ir al campo misionero (que puede ser tu ciudad) y poner en práctica lo que Dios te ha enseñado.

6

La dificultad de ser un discípulo

Mateo 10:21-42

¡Qué emocionante recibir esa autoridad para sanar, liberar y extender el reino de Dios en este mundo! ¡Qué privilegio ser confiado con la comisión de hacer discípulos de todas las naciones! Pero al final del último capítulo vimos que somos como ovejas entre lobos. Jesús no evita las enseñanzas difíciles con sus discípulos, y ésta es una porción muy difícil. Hay cosas complicadas para interpretar, y otras difíciles de aceptar. En el primer volumen de esta serie (Aprender a Caminar) compartí el costo del discipulado, para ayudarte a tomar una decisión informada: ¿De verdad quieres ser cristiano? Suena bien andar como Jesús anduvo, pero ¿estoy listo para pagar el alto precio? Ahora, en este estudio sobre liderazgo y la Gran Comisión, supongo que ya has estado caminando con Jesús por un tiempo. Sin embargo, hay suficiente en el resto de este capítulo para hacernos pensar dos veces si queremos ser parte de esta gran misión.

Hay un cambio en este décimo capítulo de Mateo que nos ayuda a entender lo que Jesús está diciendo. En el verso 18, Él cambia de instrucciones específicas para la misión de los Doce a profecías acerca de la experiencia de sus siervos en el futuro, después de su ascensión. Aquí continuamos con lo que empezamos a ver en el capítulo anterior.

Familias divididas

[21] »*El hermano entregará a la muerte al hermano, y el padre al hijo. Los hijos se rebelarán contra sus padres y harán que los maten.*

¿Crees que tú lo tienes muy difícil en tu familia? Parece que las cosas van a empeorar.

- ¿Son tus hijos rebeldes?
- ¿Han intentado matarte?
- ¿Y tu papá? ¿Te ha traicionado?
- ¿Y qué hay de tu hermano?

¡Jesús es polémico! ¡No podemos necesariamente "reclamar" la salvación de todos los miembros de nuestras familias! ¡Es posible que tú seas la causa de la división en tu hogar! Puede que tengas que elegir entre tu madre y Jesús, o entre tu hijo y Jesús. Claro que hay promesas que nos gusta reclamar:

- El carcelero en Filipos les preguntó a Pablo y Silas: —*Señores, ¿qué tengo que hacer para ser salvo?* —*Cree en el Señor Jesús; así tú y tu familia serán salvos* —*le contestaron* (Hechos 16:30-31).
- *Instruye al niño en el camino correcto, y aun en su vejez no lo abandonará* (Proverbios 22:6).
- *»En cuanto a mí —dice el Señor—, este es mi pacto con ellos: Mi Espíritu que está sobre ti, y mis palabras que he puesto en tus labios, no se apartarán más de ti, ni de tus hijos ni de sus descendientes, desde ahora y para siempre—dice el Señor—* (Isaías 59:21).

La realidad es que la única "promesa" en el Nuevo Testamento para la salvación de tus hijos es la palabra dada al carcelero. Las demás están en el contexto del Antiguo Pacto. Por supuesto, Dios puede dar una palabra y fe en el corazón de una madre para la salvación de sus hijos, pero esa salvación no está garantizada. Cada persona tiene que tomar su propia decisión de ser un discípulo de Jesucristo. Claro que el ambiente de un hogar cristiano, el ejemplo de una iglesia llena de la presencia y el poder de Dios y las oraciones de padres cristianos deben tener un fuerte impacto. Pero aún más en estos días postreros, por desgracia, vamos a ver estas palabras de Jesús cumplidas. Es fácil ignorar la profecía de Miqueas 7:5-6.

No creas en tu prójimo, ni confíes en tus amigos; cuídate de lo que hablas con la que duerme en tus brazos. El hijo ultraja al padre, la hija se rebela contra la madre, la nuera contra la suegra, y los enemigos de cada cual están en su propia casa.

Y olvidamos las palabras de Jesús: —*En todas partes se honra a un profeta, menos en su tierra, entre sus familiares y en su propia casa* (Marcos 6:4).

Odiado por todos

22 Por causa de mi nombre todo el mundo los odiará, pero el que se mantenga firme hasta el fin será salvo.

¿Por qué somos tan rápidos para lloriquear solo porque a alguien no le gustamos? Jesús es muy amable, pero provoca reacciones muy fuertes en quienes se oponen a Él, y ese odio se nos transmite. Ves más de ese odio en el mundo de hoy. ¡Mientras escribo esto, hubo un video con muchos "me gusta" que dice que la iglesia evangélica es el talibán de los Estados Unidos!

Con ese odio y los problemas familiares que Jesús profetizó, la vida puede ser tan dura que será difícil mantenerte firme. Puedes sentirte tentado a volver atrás y negar a Cristo solo para tener paz en el hogar y en la comunidad, y ser querido por todos. Mantenerse firme puede significar tomar posiciones impopulares basadas en las Escrituras. Tú puedes ir todos los domingos a la iglesia (incluso ser un pastor), y ceder a la presión del mundo para que seas políticamente correcto, y comprometer lo que Dios ha dicho claramente.

Yo sé que este es un verso difícil para aquellos que creen "salvo, siempre salvo", pero fue Jesús quien lo dijo, no yo. No importa qué oración hiciste hace veinte años, Jesús claramente dice que es Él quien persevera hasta el fin que será salvo. Si vacilas y renuncias bajo la intensa presión descrita aquí, solo podemos esperar el juicio de Dios. Los versículos 32-33 de este capítulo explican lo que sucederá.

¿Ellos evangelizarían a todo Israel antes de que Jesús regrese?

23 *Cuando los persigan en una ciudad, huyan a otra. Les aseguro que no terminarán de recorrer las ciudades de Israel antes de que venga el Hijo del hombre.*

Hay un propósito en la persecución: nos mueve. Eso es obvio en el libro de los Hechos. Dios no espera que nos quedemos donde estamos y suframos el abuso. Jesús nos aconseja salir de allí. Escápate a un lugar seguro, aunque una vez que comiences a predicar a Cristo allí, la persecución probablemente empezará de nuevo (lo que sucedió muchas veces con Pablo).

Aquí hay una declaración difícil acerca de la venida de Jesús. Él dice que vendrá antes de que terminen de recorrer todas las ciudades de Israel. ¿Qué significa eso?

- Algunos creen que se refiere al juicio de los judíos en el año 70 d.C., cuando Jerusalén y el templo fueron destruidos, y Jesús vino a juzgar su rechazo del Hijo de Dios. Pero es una espiritualización de su venida lo que es poco probable.

- Otros han sugerido que esto significa que Jesús vendría detrás de estos discípulos y proveería seguimiento antes de que ellos tuvieran la oportunidad de visitar todas las ciudades (ver Lucas 10:1). Pero como hemos dicho, el contexto de estos versículos es posterior a su ascensión.

- En muchos de estos casos, con algo que parece complicado, la solución es más simple. Lo más probable es que Jesús esté diciendo que la evangelización de Israel continuará, pero nunca terminará totalmente, hasta que Él regrese. Lo que podemos afirmar es que el Hijo del Hombre vendrá, y vamos a continuar este ministerio hasta que Él venga, de acuerdo con la Gran Comisión.

  o En Marcos 13, donde Jesús habla de las señales del fin, Él dice en el verso 10: *Pero primero tendrá que predicarse el evangelio a todas las naciones.*

  o En Mateo 24:14, se lo repite: *Y este evangelio del reino se predicará en todo el mundo como testimonio a todas las naciones, y entonces vendrá el fin.*

  o Pablo dice en Romanos 11:25-27: *Parte de Israel se ha endurecido, y así permanecerá hasta que haya entrado la totalidad de los gentiles. De esta manera todo Israel será salvo, como está escrito:*

«*El redentor vendrá de Sión   y apartará de Jacob la impiedad. Y este será mi pacto con ellos cuando perdone sus pecados*».

o   Entonces, la misión que Jesús confía a sus discípulos aquí continuará hasta que Él venga.

El siervo no es superior a su amo

[24] »*El discípulo no es superior a su maestro, ni el siervo superior a su amo.* [25] *Basta con que el discípulo sea como su maestro, y el siervo como su amo. Si al jefe de la casa lo han llamado Beelzebú, ¡cuánto más a los de su familia!*

NTV: [24] »*Los alumnos no son superiores a su maestro, y los esclavos no son superiores a su amo.* [25] *Los alumnos deben parecerse a su maestro, y los esclavos deben parecerse a su amo. Si a mí, el amo de la casa, me han llamado príncipe de los demonios, a los miembros de mi casa los llamarán con nombres todavía peores.*

¡Basta del engaño popular de que Cristo sufrió para que nosotros no padezcamos! ¡Basta de pensar que la vida cristiana es fácil y siempre próspera! ¡Tú no eres superior a Jesús! ¿Cómo puedes creer que tú, como siervo de Dios, eres mejor que tu Maestro? Si odiaban a Jesús y lo perseguían, ¡también te odiarán a ti!

Estamos hablando en esta serie de "andar como Jesús anduvo". ¡Nuestra meta es ser como Jesús! El discípulo debe ser como su maestro, y el siervo como su amo. ¡Qué hermoso es ser miembro de su familia! Pero eso significa que si dijeron que Jesús era del diablo, dirán lo mismo de ti.

No tengas miedo

[26] »Así que no les tengan miedo; porque no hay nada encubierto que no llegue a revelarse, ni nada escondido que no llegue a conocerse. [27] Lo que les digo en la oscuridad, díganlo ustedes a plena luz; lo que se les susurra al oído, proclámenlo desde las azoteas. [28] No teman a los que matan el cuerpo pero no pueden matar el alma. Teman más bien al que puede destruir alma y cuerpo en el infierno. [29] ¿No se venden dos gorriones por una monedita? Sin embargo, ni uno de ellos caerá a tierra sin que lo permita el Padre; [30] y él les tiene contados a ustedes aun los cabellos de la cabeza. [31] Así que no tengan miedo; ustedes valen más que muchos gorriones.

¿Tienes miedo? ¿Tienes dudas acerca de servir a Jesús? Al parecer, Jesús sabía que sus discípulos tenían miedo. Esa es la reacción natural a todo lo que Él había dicho. Tres veces en estos versos les dice: "*No tengan miedo*". Y nos da tres buenas razones para rechazar el miedo:

- Todas las agendas ocultas y los pecados de sus perseguidores serán expuestos.
- Pueden matar el cuerpo, pero no pueden tocar el alma.
- Los discípulos están en las manos de Dios. Él te conoce, te ama, te cuida y te valora altamente.

Hay uno al que debemos temer: Dios mismo. Él puede destruir tanto el cuerpo como el alma en el infierno. Esa realidad nos impulsa a venerarlo, ser fieles y obedientes, y confirma que Jesús cree en un infierno, un lugar de destrucción y tormento eterno de cuerpo y alma.

Ten cuidado con esa palabra "*destruir*". Hay gente que predica la aniquilación, que dice que el diablo, los demonios y todos los que no han aceptado a Jesús serán aniquilados o destruidos después del gran juicio. Como sabes, en este mundo tú puedes destruir tu vida o la vida de otra persona y seguir con vida. La Biblia claramente habla de un castigo eterno en el infierno; "destruir" aquí no es equivalente a "aniquilar".

¿Estás ocultando algo que deberías revelar? ¿Hay cosas ocultas en tu vida que se darán a conocer y te causarán mucho dolor a ti y a tu familia? Es mejor enfrentarlas ahora. Dios es un Dios de transparencia. Él no guarda secretos. No tengas miedo de proclamar lo que Él ha dicho, aunque te pueda causar muchos problemas.

Tómate el tiempo para meditar en esta hermosa verdad:

- Dios te conoce íntimamente.
- ¡Dios ama a los gorriones! ¡Él sabe todo sobre ellos!
- ¡Él ama a tu perro! ¡Y a tu gato!
- ¡Tú eres importante para Él!
- ¡Él sabe todo sobre ti!¡Él te ama! ¡Él te cuidará!

¡Qué pensamientos alentadores!

El peligro de negar a Cristo

[32] *»A cualquiera que me reconozca delante de los demás, yo también lo reconoceré delante de mi Padre que está en el cielo.* [33] *Pero a cualquiera que me desconozca delante de los demás, yo también lo desconoceré delante de mi Padre que está en el cielo.*

A pesar de esa seguridad, Jesús sabe que los discípulos piensan que sería mejor permanecer callados y sin problemas. Ya sabes cómo piensan: ser cristiano, pero no lo anuncies ni ofendas a otros al dar testimonio, y si puede salvarte la vida, tal vez incluso niegues a Cristo.

¡No! ¡Piensa bien antes de hacer eso! Aquí hay otro problema para aquellos que predican la seguridad eterna del creyente:

puedes ser un creyente de por vida, pero si niegas a Jesús ante las autoridades hostiles, Él te rechazará, te negará ante el Padre. Por otro lado, aquellos que tengan el coraje de reconocer a Jesús y confesarlo a pesar de la gran posibilidad de persecución, serán reconocidos ante el Padre y recibirán una bendición especial.

Jesús vino a traer una espada

[34]»*No crean que he venido a traer paz a la tierra. No vine a traer paz sino espada.* [35] *Porque he venido a poner en conflicto "al hombre contra su padre, a la hija contra su madre, a la nuera contra su suegra;* [36]*los enemigos de cada cual serán los de su propia familia".*

[37]»*El que quiere a su padre o a su madre más que a mí no es digno de mí; el que quiere a su hijo o a su hija más que a mí no es digno de mí;* [38] *y el que no toma su cruz y me sigue no es digno de mí.* [39] *El que encuentre su vida, la perderá, y el que la pierda por mi causa, la encontrará.*

¡Jesús está cambiando todo! ¡Hay varias creencias comunes sobre el cristianismo en las que estamos equivocados!

- ¿Jesús, el pacificador? ¿¿"Paz en la tierra, buena voluntad para con los hombres"? ¡Incorrecto! ¡Él no vino para suavizar las cosas y traer paz! ¡Jesús es polémico! ¡Es un revolucionario! ¡Él vino a traer una espada! Eso no significa que Jesús abogue por el conflicto. También dijo: "*Bienaventurados los pacificadores*". Pero Jesús, el Príncipe de Paz, causa conflicto.

- ¿Jesús, que resuelve todos los problemas de la familia, para que todos vivamos felices para siempre? ¡De ninguna manera! ¡Podemos esperar que los miembros de nuestra propia casa sean nuestros enemigos! ¡Las relaciones entre padres e hijos se ponen feas! ¡Y no ames a tus padres o hijos más de lo que amas a Jesús!

- Somos muy egocéntricos, pero Jesús dice que la persona que se centra en la autorrealización y en encontrar su vida ¡la perderá! Es cierto que somos hechos a imagen de Dios y tenemos un gran valor ante Él. El mandato es amar a otros como nos amamos a nosotros mismos. Él quiere que tengamos una autoestima saludable, pero muchos casi hacen un ídolo del "yo". En realidad, si tú quieres encontrar tu vida y experimentar una verdadera autorrealización, ¡hay que perder la vida! ¿Has pensado en cómo perder tu vida por Jesús?

Jesús habla varias veces sobre la persona que es "digna" de Él. ¿Eres tú? Jesús dice que el que quiere a sus padres o hijos más que a Él no es digno de Él, y el que no toma su cruz y sigue a Jesús no es digno de Él. Jesús exige toda nuestra devoción, toda la vida. Sin juzgar, ¿dirías que la mayoría de los cristianos que conoces son dignos de Él? ¿Hay algo que debas cambiar para ser digno de Él?

¡Todo esto no suena muy atractivo! ¡Podemos esperar muchos conflictos si realmente seguimos a Jesús! Sin embargo, hay beneficios eternos.

Recompensas

[40] »Quien los recibe a ustedes, me recibe a mí; y quien me recibe a mí, recibe al que me envió. [41] Cualquiera que recibe a un profeta por tratarse de un profeta, recibirá recompensa de profeta; y el que recibe a un justo por tratarse de un justo, recibirá recompensa de justo. [42] Y quien dé siquiera un vaso de agua fresca a uno de estos pequeños por tratarse de uno de mis discípulos, les aseguro que no perderá su recompensa.»

Finalmente, Jesús nos ofrece un poco de aliento. Los que acogen a los discípulos recibirán una recompensa. ¡Entre todos los corazones duros, hay algunos con un corazón tierno!

- Cuando recibes a alguien que viene en el nombre de Jesús, recibes a Jesús y a su Padre. Por el contrario, si rechazas al discípulo de Jesús, rechazas a Cristo. ¡Hay una gran lealtad en esta familia!

- Tanto los profetas como los justos pueden esperar una recompensa, pero tú no tienes que ser un profeta para recibirla. ¡Solo recibe a ese profeta o esa persona justa!

- Y aquellos que muestren la más mínima hospitalidad a un discípulo de Jesús (un vaso de agua fresca) serán recompensados por ello.

¿Realmente quieres andar como Jesús anduvo?

¿De verdad quieres ser su discípulo? ¿Es esta la imagen que tenías de ser enviado como apóstol? ¡No parece una charla muy bonita que Jesús dio para enviar a los discípulos en su primer viaje! Jesús no tuvo miedo de predicar el costo del discipulado.

No hay nada tan glorioso en ser un apóstol o un discípulo serio de Jesucristo. Es un camino duro y estrecho, pero no hay nada mejor. Realmente, no hay otra opción. La alternativa es el infierno. ¿Eres digno de andar como Jesús anduvo? ¿Estás listo para todo lo que implica? Cuando haces discípulos en obediencia al mandato de Jesús, ¿incluyes estas partes complicadas?

7

La misión de los setenta

Lucas 10:1-24

Jesús necesita tu ayuda. Nos mandó hacer discípulos en todo el mundo, ¡pero carece de obreros! ¡Ora por los obreros para la cosecha! El Espíritu Santo está trabajando horas extras preparando corazones. Otros fielmente han plantado la semilla. La cosecha está lista. Es enorme. Pero, ¿dónde están los trabajadores?

¿Y tú?

- ¿Estás orando por los obreros?
- ¿Vas a salir a los campos?
- ¿Sabes cosechar? ¿Puedes reconocer cuándo alguien está listo para ser cosechado?
- ¿Qué estás haciendo para preparar a los obreros? ¿Sigues el Plan del Maestro que estudiamos en el capítulo 2?
- ¿Cuál es tu círculo de influencia? ¿Puedes colaborar con algunos hermanos? ¿Hay incrédulos que puedas invitar al reino?

El círculo de influencia de Jesús

La primera respuesta de Jesús a la necesidad fue llamar a doce discípulos, nombrarlos apóstoles y enviarlos. Ahora ese grupo se está expandiendo con el envío de setenta trabajadores adicionales. (Algunos manuscritos dicen 72; puede ser 70 o 72. Setenta puede reflejar el número de ancianos judíos [Éxodo 24:10], mientras que 72 sería la multiplicación de los 12 apóstoles por seis.) Esta es la única vez que el Nuevo Testamento menciona este grupo.

Las Escrituras no dan muchos detalles acerca de los otros en el círculo de influencia de Jesús, pero podemos ver claramente:

- Los tres discípulos más íntimos (Pedro, Jacobo y Juan). Junto con los otros nueve discípulos, formaron los doce apóstoles.

- Este grupo de setenta.

- Un grupo de mujeres que viajaron con Él y se ocuparon de las necesidades diarias de Jesús: *Lo acompañaban los doce, y también algunas mujeres que habían sido sanadas de espíritus malignos y de enfermedades: María, a la que llamaban Magdalena, y de la que habían salido siete demonios; Juana, esposa de Cuza, el administrador de Herodes; Susana y muchas más que los ayudaban con sus propios recursos* (Lucas 8:1-3).

- Los 120 presentes en el Aposento Alto después de su ascensión, probablemente principalmente de estos grupos.

- Un grupo más grande de creyentes (como Nicodemo o José de Arimatea) que no se identificaron públicamente con los discípulos. Estos pueden haber sido los 500 que vieron a Jesús después de su resurrección.

• Las multitudes que no habían sido "cosechadas".

Hemos estudiado las instrucciones detalladas de Jesús cuando envió a los Doce en su primer viaje misionero. Encontraremos muchas similitudes en este pasaje de Lucas, pero también algunas adiciones importantes.

[1]Después de esto, el Señor escogió (RVR: designó) a otros setenta y dos para enviarlos de dos en dos delante de él a todo pueblo y lugar adonde él pensaba ir.

Escogidos y designados

A pesar de la urgente necesidad de obreros, Jesús no hizo una invitación abierta para voluntarios que irían a la cosecha. Dios llama, designa y equipa a los que Él envía. Esta es una tarea importante, y debemos asegurarnos de que los trabajadores estén listos. Especialmente necesitan la autoridad de Dios que Él les da cuando los designa.

• ¿Eres consciente de tu vocación? ¿Crees que has sido designado? Es muy serio desobedecer su llamado si Dios te ha escogido.

• Jesús trabaja a través de la autoridad delegada de aquellos que Él ha designado como líderes en su Cuerpo. ¿Te ha dado Jesús esa autoridad?

• ¿Estás haciendo discípulos? ¿Estás designando cuidadosa y fielmente a los obreros? ¿O suplicas por voluntarios? ¿Te conformas con quienquiera que puedas conseguir?

- "Apóstol" significa "enviado." Pablo y Bernabé fueron enviados por la iglesia en Antioquía. Y tu iglesia, ¿designas y envías trabajadores a la cosecha?

¡Jesús tenía un plan!

Los doce apóstoles no fueron descritos como un equipo para preparar el camino, pero los Setenta fueron enviados específicamente a cada ciudad y lugar donde Jesús estaba a punto de visitar. ¡Él tenía un plan! ¡Él sabía a dónde iría! Podemos ser guiados por el Espíritu y aún hacer planes, pero como Pablo se enteró (Hechos 16:6-10) y Santiago advierte (Santiago 4:13-15), los planes siempre están sujetos a cambios. Cristo también tiene un plan para cumplir una tarea tan importante como la Gran Comisión.

- ¿Has buscado a Dios por una revelación de ese plan?
- ¿A dónde vas?
- ¿Es tu vocación preparar el camino para otra persona? ¿O tienes un equipo para prepararte el camino?
- ¿Puedes enviar a algunos de esos jóvenes creyentes que estás discipulando para preparar el camino para tu ministerio?
- Si tu función es preparar el camino, ¿humildemente le das preferencia a la persona que te sigue?
- ¿Has separado el tiempo para escuchar a Dios y saber a dónde Él quiere enviarte?

De dos en dos

El obrero solitario es vulnerable:

- Está sujeto a más tentaciones, especialmente a la tentación sexual.

- Se desanima más fácilmente. En equipo, uno anima al otro.
- Uno puede orar mientras que el otro ministra.
- Dos tienen menos probabilidades de distraerse.

¿Seguimos este modelo de Jesús hoy? ¿Tienes un compañero para trabajar contigo en la obra del Señor? El equipo puede ser un hombre y su esposa. Ora para que Dios te dé ese compañero en el ministerio.

² «Es abundante la cosecha —les dijo—, pero son pocos los obreros. Pídanle, por tanto, al Señor de la cosecha que mande obreros a su campo. ³ ¡Vayan ustedes! Miren que los envío como corderos en medio de lobos. ⁴ No lleven monedero ni bolsa ni sandalias; ni se detengan a saludar a nadie por el camino.

No saludes a nadie por el camino

Jesús pidió a los Doce que oraran; ahora pide lo mismo a los setenta. Su siguiente palabra es: "¡Vayan!" Oramos y nos vamos. Al igual que los Doce, van como corderos a la matanza y no pueden llevar dinero ni una bolsa con ellos. El calzado puede ser un par de sandalias de repuesto.

Hay una instrucción adicional: no saludar a nadie por el camino. Deben mantenerse libres de distracciones y concentrarse en la tarea asignada. Si tú eres una persona social o si estás en una cultura muy relacional, podría ser difícil obedecer eso. En la cultura judía, un saludo suele ser mucho más que "hola". Donde yo vivo, si saludas a alguien, puedes volver al camino un par de horas más tarde, después de compartir un café y conversar.

¿Hay personas que has conocido en el camino que te han distraído de la tarea? ¿Tienes que deshacerte del exceso de equipaje?

*⁵»Cuando entren en una casa, digan primero: "Paz a esta casa".
⁶ Si hay allí alguien digno de paz, gozará de ella; y, si no, la
bendición no se cumplirá.⁷ Quédense en esa casa, y coman y
beban de lo que ellos tengan, porque el trabajador tiene derecho
a su sueldo. No anden de casa en casa. ⁸»Cuando entren en un
pueblo y los reciban, coman lo que les sirvan.*

Hay dos variaciones leves en estas instrucciones:

* Jesús dice que *"un hijo de paz"* puede recibirte (alguien
  inclinado hacia la paz o que promueve la paz). Jesús
  quiere que nos quedemos con gente de paz. Por su
  respuesta a tu saludo, puedes discernir si debes
  permanecer allí o no. Por lo general, es mejor alojarte en
  un hogar que en un hotel, donde ocurre toda clase de
  inmundicia.

* Aquí, Jesús dice que deben comer o beber lo que se les
  ofrece. Cuando te encuentras en una cultura diferente o
  con personas de bajos ingresos, eso puede ser difícil,
  pero es grosero rechazar su hospitalidad y puede
  obstaculizar tu ministerio. Debemos estar agradecidos
  por todo lo que se nos da. Mucho ministerio se lleva a
  cabo en una comida. Dos veces, Jesús nos ordena comer
  lo que nos sirven.

*⁹ Sanen a los enfermos que encuentren allí y díganles: "El reino
de Dios ya está cerca de ustedes".*

Sanar y proclamar

La tarea es muy sencilla y muy parecida a la que Jesús le dio a los
Doce: primero deben sanar a los enfermos, lo que atrae a las
multitudes y genera interés; luego pueden proclamar al Mesías

que los sanó. ¿Tienes esa combinación de milagros y proclamación en tu ministerio?

El mensaje es muy simple, algo vago y crea interés: el reino de Dios está cerca. Estaban preparando el camino para Jesús; Él les explicaría más acerca de este reino y cómo entrar en él.

10 Pero, cuando entren en un pueblo donde no los reciban, salgan a las plazas y digan: 11 "Aun el polvo de este pueblo, que se nos ha pegado a los pies, nos lo sacudimos en protesta contra ustedes. Pero tengan por seguro que ya está cerca el reino de Dios". 12 Les digo que en aquel día será más tolerable el castigo para Sodoma que para ese pueblo.

Advertencia de juicio

Jesús da mucho poder y autoridad a sus siervos para juzgar a los pueblos que no los reciben. En Mateo, puedes imaginar a los discípulos saliendo de la ciudad a hurtadillas y sacudiendo el polvo de sus pies. Aquí, es parte de una proclamación pública: un juicio severo les espera. Ellos tuvieron la oportunidad de entrar en el reino de Dios y lo rechazaron.

Es posible que hayas visto a cristianos juzgar a alguien que no los recibe. A menudo se ven tontos, especialmente en películas, pero quizás deberíamos ser más audaces para obedecer lo que Jesús nos manda que hagamos. ¿Cómo se determina si un pueblo te ha recibido o no? ¿En qué momento debemos pronunciar un juicio sobre ellos? Es evidente que no debe hacerse a la ligera y tiene que ser claramente guiado por el Espíritu Santo.

13 »¡Ay de ti, Corazín! ¡Ay de ti, Betsaida! Si se hubieran hecho en Tiro y en Sidón los milagros que se hicieron en medio de ustedes, ya hace tiempo que se habrían arrepentido con grandes lamentos. **¹⁴ *Pero en el juicio será más tolerable el castigo para Tiro y Sidón que para ustedes. ¹⁵ Y tú, Capernaúm, ¿acaso serás levantada hasta el cielo? No, sino que descenderás hasta el abismo.***

Los milagros deberían conducir al arrepentimiento

Capernaúm era la base de Jesús en Galilea, pero su presencia allí no tuvo gran impacto: ¡Jesús los envía al infierno! ¡Junto con otras dos importantes ciudades judías! Y Jesús cita dos ciudades gentiles como mucho más abiertas a su ministerio. No realizó milagros en Tiro y Sidón porque su ministerio se centró en los judíos, pero Él sabe que los gentiles se habrían arrepentido.

Esta respuesta todavía es común hoy. Las áreas altamente evangelizadas y cristianas pueden ser virtualmente inmunes al ministerio milagroso, mientras que la gente en los países menos evangelizados tiene un corazón muy abierto. Jesús no menciona la predicación aquí; los milagros abundantes deberían llevarlos al arrepentimiento. Dios puede resucitar a los muertos y hacer milagros asombrosos, y sin embargo, no tocarían los corazones endurecidos. ¡Pero hay un juicio venidero!

¿Cómo será para tu ciudad? ¿Será levantada hasta el cielo? ¿O bajada al Hades? ¿Qué tal tu país?

¹⁶ *»El que los escucha a ustedes, me escucha a mí; el que los rechaza a ustedes, me rechaza a mí; y el que me rechaza a mí, rechaza al que me envió».*

No fueron solo los Doce; cualquier persona que es enviada por Jesús como su representante debe ser recibida como si él fuera Jesús mismo. Jesús lo repite varias veces en los Evangelios. ¡Es muy serio! Rechazar a Jesús es rechazar al Padre. No puedes aceptar a "Dios" y rechazar a su Hijo.

Resultados de la misión

¹⁷Cuando los setenta y dos regresaron, dijeron contentos: —Señor, hasta los demonios se nos someten en tu nombre.

Su experiencia fue más allá de lo que Jesús originalmente pretendía. Predicaron y sanaron a muchos, pero se sorprendieron de que los demonios se sometieron a ellos cuando los reprendieron en el nombre de Jesús. Eso es maravilloso, pero también causó preocupación a Jesús (tal vez por eso no mencionó la liberación al principio).

¹⁸—Yo veía a Satanás caer del cielo como un rayo —respondió él—. ¹⁹ Sí, les he dado autoridad a ustedes para pisotear serpientes y escorpiones y vencer todo el poder del enemigo; nada les podrá hacer daño. ²⁰ Sin embargo, no se alegren de que puedan someter a los espíritus, sino alégrense de que sus nombres están escritos en el cielo.

Es muy fácil para el ministro intoxicarse con el poder de sanar y echar fuera demonios, y perder de vista la importancia de su propia salvación. Jesús fue testigo de la caída de Satanás y se estremece ante la posibilidad de que uno de sus propios discípulos se sienta tan orgulloso y cautivado por el poder espiritual que puede presumir e intentar tomar el lugar de Dios.

Jesús nos ha dado una autoridad increíble: vencer todo el poder del enemigo. Nada que el diablo pueda hacer contra ti puede hacerte daño.

- ¿Hay algo sobre lo que tengas que pisotear?
- ¿Has sido derrotado por la fuerza del enemigo? ¿Has sido lastimado?

Aférrate a esa autoridad y empieza a caminar en el poder que Jesús te ha dado. ¡Y regocíjate de que tu nombre esté escrito en el cielo!

²¹ *En aquel momento Jesús, lleno de alegría por el Espíritu Santo, dijo: «Te alabo, Padre, Señor del cielo y de la tierra, porque habiendo escondido estas cosas de los sabios e instruidos, se las has revelado a los que son como niños. Sí, Padre, porque esa fue tu buena voluntad.*

Lo que llena a Jesús de alegría

Tal vez los discípulos no habrían apreciado que se llamara niños, pero el Padre se deleita en ocultar la verdad espiritual a los sabios y bien educados de este mundo, y en revelarla a los humildes y sencillos.

Puede parecer increíble, pero esta es la única vez que los Evangelios dicen que Jesús se regocijó. Estoy seguro de que se alegró al recibir el buen informe de su misión, pero la Palabra dice que Jesús se llenó de gozo al ver que su Padre permitía que la gente humilde comprendiera la verdad, y la ocultaba a aquellos que creen que son tan inteligentes.

Hay solo dos otras referencias al gozo en la vida de Jesús:

- Juan 15:11: *Les he dicho estas cosas para que se llenen de mi gozo; así es, desbordarán de gozo.*
- Juan 17:13: *Pero ahora voy a ti; y hablo esto en el mundo, para que tengan mi gozo cumplido en sí mismos.*

Por supuesto, Jesús tenía gozo y quería compartir ese gozo con nosotros, pero también sabemos que Jesús era un varón de dolores. Tal vez por eso no leemos más acerca de Jesús regocijándose. ¡Andaba muy agobiado!

¿Conoces la plenitud de su gozo? ¿Te regocijas por las cosas simples, como lo hizo Jesús?

²² »Mi Padre me ha entregado todas las cosas. Nadie sabe quién es el Hijo, sino el Padre, y nadie sabe quién es el Padre, sino el Hijo y aquel a quien el Hijo quiera revelárselo».

Cómo conocer al Padre

No todos pueden conocer al Padre, y ciertamente no si son de otra religión y no reconocen a Jesús. El único que realmente conoce a Jesús es su Padre. Jesús revela al Padre, pero solo a aquellos a quienes Él decide revelarle. Podemos orar para que Jesús revele el Padre a alguien, pero al final es su decisión.

Jesús hace una declaración universal aquí: *Todas las cosas me fueron entregadas por mi Padre.* Me recuerda la declaración en Efesios 1:9-10, que el propósito de Dios es reunir todas las cosas en la tierra y en los cielos bajo la autoridad de Cristo. ¡Qué enorme privilegio es conocer a Jesús y al Padre! ¡Cristo ocupa una posición muy exaltada!

²³ Volviéndose a sus discípulos, les dijo aparte: «Dichosos los ojos que ven lo que ustedes ven. ²⁴ Les digo que muchos profetas y reyes quisieron ver lo que ustedes ven, pero no lo vieron; y oír lo que ustedes oyen, pero no lo oyeron».

Estos versos concluyen esta sección acerca del regreso de los Setenta. En caso de que no se diera cuenta, tenían una bendición muy especial: ver a Jesús y ver las manifestaciones de su poder. Muchos anhelaban verlo y nunca lo experimentaron. Tú también tienes una bendición especial, con toda la revelación que hemos recibido hoy y todo lo que hemos visto del poder de Dios.

En los capítulos 10 de Mateo y Lucas, hemos recibido instrucciones detalladas sobre cómo hacer la obra del Señor. La mies es mucha, y los obreros son pocos. Especialmente pocos son los que andan en la autoridad que vemos aquí. Somos parte de la misión más importante en toda la historia, y tenemos la oportunidad de conocer al Padre y a su Hijo, quienes gobiernan todo el universo. ¿Estás haciendo tu obra para el Señor, de acuerdo con estos mandamientos? ¿Sigues este modelo para hacer discípulos?

8
Los discípulos de Jesucristo

En nuestra meta de andar como Jesús anduvo y aprender a hacer discípulos, tiene sentido estudiar a los hombres que anduvieron cerca del Señor aquí en la tierra. Ya hemos estudiado su llamado y su primera misión. Sus nombres aparecen en Mateo 10:2-4.

Éstos son los nombres de los doce apóstoles: primero Simón, llamado Pedro, y su hermano Andrés; Jacobo y su hermano Juan, hijos de Zebedeo; Felipe y Bartolomé; Tomás y Mateo, el recaudador de impuestos; Jacobo, hijo de Alfeo, y Tadeo; Simón el Zelote y Judas Iscariote, el que lo traicionó.

Ambas listas de discípulos (que también aparece en Lucas 6:14-16) nombran primero a Pedro, luego a su hermano, los hijos de Zebedeo, Felipe y Bartolomé, y después a los demás, siempre terminando con el traidor. Está claro que había orden entre ellos. Lo frustrante es la falta de más información acerca de los apóstoles. Claro que existen muchas biografías inspiradoras de hombres y mujeres que han caminado con Jesús a través de los siglos, pero mi deseo es permanecer en las Escrituras. Aprendemos mucho sobre el caminar de Pablo, pero de los Doce, hay mucho escrito sobre uno solo: su líder.

Pedro

Pedro es como un amigo para muchos cristianos, y con buena razón. Muchos pueden identificarse con "La Roca." De hecho, su nombre aparece unas 170 veces en el Nuevo Testamento (dependiendo de la traducción). A pesar de la competencia que tenía con Juan, el Evangelio de Juan tiene más referencias que cualquier otro evangelio. Aunque muchas de esas referencias tienen un contexto negativo, parece que existía un cariño entre ellos. El libro de los Hechos tiene la mayoría de las referencias (60), pero Pedro desaparece después del concilio de Jerusalén en Hechos 15; el resto del libro está dedicado a Pablo. Después de los Hechos, Pedro solo aparece en la carta de Pablo a los gálatas, y en las dos cartas que Pedro escribió.

Podemos formar una imagen de Pedro (una casa en Capernaúm, casado, impulsivo) de las citas bíblicas. Algunas de las más conocidas son:

- *—Señor, si eres tú —respondió Pedro—, mándame que vaya a ti sobre el agua. —Ven —dijo Jesús. Pedro bajó de la barca y caminó sobre el agua en dirección a Jesús* (Mateo 14:28-29).

- *Al ver esto, Simón Pedro cayó de rodillas delante de Jesús y le dijo: —¡Apártate de mí, Señor; soy un pecador!* (Lucas 5:8)

- *—Tú eres el Cristo, el Hijo del Dios viviente —afirmó Simón Pedro* (Mateo 16:16).

- *—Señor —contestó Simón Pedro—, ¿a quién iremos? Tú tienes palabras de vida eterna* (Juan 6:68).

- *Jesús se volvió y le dijo a Pedro: —¡Aléjate de mí, Satanás! Quieres hacerme tropezar; no piensas en las cosas de Dios sino en las de los hombres* (Mateo 16:23).

- La noche del arresto de Cristo: *Luego volvió a sus discípulos y los encontró dormidos. «Simón —le dijo a Pedro—, ¿estás dormido? ¿No pudiste mantenerte despierto ni una hora?* (Marcos 14:37)

- *Simón Pedro, que tenía una espada, la desenfundó e hirió al siervo del sumo sacerdote, cortándole la oreja derecha. (El siervo se llamaba Malco.)* (Juan 18:10)

- *Al instante un gallo cantó por segunda vez. Pedro se acordó de lo que Jesús le había dicho: «Antes de que el gallo cante por segunda vez, me negarás tres veces.» Y se echó a llorar* (Marcos 14:72).

- *Pedro, sin embargo, salió corriendo al sepulcro. Se asomó y vio sólo las vendas de lino. Luego volvió a su casa, extrañado de lo que había sucedido* (Lucas 24:12).

- *Cuando terminaron de desayunar, Jesús le preguntó a Simón Pedro: —Simón, hijo de Juan, ¿me amas más que éstos? —Sí, Señor, tú sabes que te quiero —contestó Pedro. —Apacienta mis corderos —le dijo Jesús* (Juan 21:15).

- En Pentecostés: *Entonces Pedro, con los once, se puso de pie y dijo a voz en cuello: «Compatriotas judíos y todos ustedes que están en Jerusalén, déjenme explicarles lo que sucede; presten atención a lo que les voy a decir* (Hechos 2:14).

- *—No tengo plata ni oro —declaró Pedro—, pero lo que tengo te doy. En el nombre de Jesucristo de Nazaret, ¡levántate y anda!* (Hechos 3:6)

- *Era tal la multitud de hombres y mujeres, que hasta sacaban a los enfermos a las plazas y los ponían en colchonetas y camillas para que, al pasar Pedro, por lo menos su sombra cayera sobre alguno de ellos* (Hechos 5:15).

- *De repente apareció un ángel del Señor y una luz resplandeció en la celda. Despertó a Pedro con unas palmadas en el costado y le dijo: «¡Date prisa, levántate!» Las cadenas cayeron de las manos de Pedro* (Hechos 12:7).

- *Pues bien, cuando Pedro fue a Antioquía, le eché en cara su comportamiento condenable. Antes que llegaran algunos de parte de Jacobo, Pedro solía comer con los gentiles. Pero cuando aquéllos llegaron, comenzó a retraerse y a separarse de los gentiles por temor a los partidarios de la circuncisión. Entonces los demás judíos se unieron a Pedro en su hipocresía, y hasta el mismo Bernabé se dejó arrastrar por esa conducta hipócrita* (Gálatas 2:11-13).

Si nunca has estudiado la vida de Pedro, busca cada una de estas referencias en la Biblia y lee su contexto. ¿Qué aprendes acerca de Pedro? ¿Con qué parte de esta historia puedes identificarte? ¿Qué puedes decir acerca de su carácter? ¿Cuáles son sus fortalezas y debilidades?

Sus cartas son muy ricas; he escrito un libro sobre ellas, <u>Cartas de la Roca</u>.

Juan y Jacobo

Después de Pedro, se menciona a Juan con más frecuencia (pero solo 34 veces), aunque Juan escribió mucho más que Pedro: el Evangelio, tres epístolas y Apocalipsis. Basado en las Escrituras que se refieren a Juan, se le ha llamado impetuoso, agresivo, imprudente, celoso, apasionado y ambicioso:

- *Juan le respondió diciendo: Maestro, hemos visto a uno que en tu nombre echaba fuera demonios, pero él no nos sigue; y se lo prohibimos, porque no nos seguía. Pero Jesús dijo: No se lo prohibáis* (Marcos 9:38-39).

- *Cuando se cumplió el tiempo en que él había de ser recibido arriba, afirmó su rostro para ir a Jerusalén. Y envió mensajeros delante de él, los cuales fueron y entraron en una aldea de los samaritanos para hacerle preparativos. Mas no le recibieron, porque su aspecto era como de ir a Jerusalén. Viendo esto sus discípulos Jacobo y Juan, dijeron: Señor, ¿quieres que mandemos que descienda fuego del cielo, como hizo Elías, y los consuma?* (Lucas 9:51-54)

En su Evangelio, Juan generalmente se refiere a sí mismo como aquel "a quien Jesús amaba", y la imagen que tenemos de Juan es de él inclinado en el pecho de Jesús en el Aposento Alto. Pareció suavizarse significativamente a lo largo de los años y fue probablemente el último apóstol en morir.

Jacobo era el hermano mayor de Juan y a menudo se menciona junto con él. Jesús los llamó los "Hijos del trueno"; eran hijos de Zebedeo. Su madre, Salomé, era una de las mujeres que acompañaban a Jesús, atendiendo sus necesidades diarias. Jacobo fue el primer apóstol en morir mártir (Hechos 12:2).

Estos hermanos, junto con Pedro, constituyen el círculo íntimo de los discípulos.

Andrés

El primer apóstol en seguir a Jesucristo, Andrés fue el hermano de Pedro, y lo presentó a Jesús. Él era un discípulo de Juan el Bautista, y, junto con su hermano, fue llamado a ser pescador de hombres. Andrés vio los panes y los peces, pero no tuvo la fe para ver cómo Jesús los usaría para alimentar a la multitud:

Uno de sus discípulos, Andrés, hermano de Simón Pedro, le dijo: Aquí está un muchacho, que tiene cinco panes de cebada y dos pececillos; mas ¿qué es esto para tantos? (Juan 6:8-9)

Andrés, Pedro, los hijos de Zebedeo y Felipe eran todos de Betsaida y todos eran pescadores.

Natanael

Natanael también llevaba el nombre de Bartolomé. Era de Caná en Galilea; es muy probable que la pareja en la boda de Caná fuera familia o amigos de Natanael.

Hay más escrito acerca de su llamado a seguir a Jesús que sobre cualquier otro discípulo:

Al día siguiente, Jesús decidió salir hacia Galilea. Se encontró con Felipe, y lo llamó: —Sígueme.

Felipe era del pueblo de Betsaida, lo mismo que Andrés y Pedro. Felipe buscó a Natanael y le dijo: —Hemos encontrado a Jesús de Nazaret, el hijo de José, aquel de quien escribió Moisés en la ley, y de quien escribieron los profetas.

—¡De Nazaret! —replicó Natanael—. ¿Acaso de allí puede salir algo bueno?

—Ven a ver —le contestó Felipe.

Cuando Jesús vio que Natanael se le acercaba, comentó: —Aquí tienen a un verdadero israelita, en quien no hay falsedad.

—¿De dónde me conoces? —le preguntó Natanael.

—Antes de que Felipe te llamara, cuando aún estabas bajo la higuera, ya te había visto.

—Rabí, ¡tú eres el Hijo de Dios! ¡Tú eres el Rey de Israel! —declaró Natanael.

—¿Lo crees porque te dije que te vi cuando estabas debajo de la higuera? ¡Vas a ver aun cosas más grandes que estas!

Y añadió: —Ciertamente les aseguro que ustedes verán abrirse el cielo, y a los ángeles de Dios subir y bajar sobre el Hijo del hombre (Juan 1:43-51).

No sabemos nada más acerca de Natanael.

Felipe

Además de la llamada de Felipe y su papel en llevar a Natanael a Jesús, existen estas tres referencias:

- Faltaba muy poco tiempo para la fiesta judía de la Pascua. Cuando Jesús alzó la vista y vio una gran multitud que venía hacia él, le dijo a Felipe: —¿Dónde vamos a comprar pan para que coma esta gente? Esto lo dijo solo para ponerlo a prueba, porque él ya sabía lo que iba a hacer (Juan 6:4-6).

- Entre los que habían subido a adorar en la fiesta había algunos griegos. Estos se acercaron a Felipe, que era de Betsaida de Galilea, y le pidieron: —Señor, queremos ver *a Jesús. Felipe fue a decírselo a Andrés, y ambos fueron a decírselo a Jesús.* (Juan 12:20-22). Felipe era un nombre griego, y parece que él hablaba ese idioma y era la conexión con esa comunidad. El hecho de que él fuera a Andrés confirma el orden entre los apóstoles; por alguna razón, no se sentía cómodo acercándose solo a Jesús.

- *—Señor —dijo Felipe—, muéstranos al Padre y con eso nos basta. —¡Pero, Felipe! ¿Tanto tiempo llevo ya entre ustedes, y todavía no me conoces? El que me ha visto a mí ha visto al Padre. ¿Cómo puedes decirme: "Muéstranos al Padre"?* (Juan 14:8-9)

No confundas a este apóstol Felipe con el evangelista Felipe en el libro de los Hechos.

Judas Iscariote

Todos conocen a Judas Iscariote, el tesorero del grupo, porque traicionó a Jesús:

- *Entonces entró Satanás en Judas, uno de los doce, al que llamaban Iscariote* (Lucas 22:3).

- *Cuando Judas, el que lo había traicionado, vio que habían condenado a Jesús, sintió remordimiento y devolvió las treinta monedas de plata a los jefes de los sacerdotes y a los ancianos. —He pecado —les dijo— porque he entregado sangre inocente. —¿Y eso a nosotros qué nos importa? —respondieron—. ¡Allá tú! Entonces Judas arrojó el dinero en el santuario y salió de allí. Luego fue y se ahorcó* (Mateo 27:3-5).

Mateo

También llamado Leví, era un publicano, o recaudador de impuestos. Mejor educado que la mayoría de los discípulos, él escribió el primer Evangelio. Era el hijo de Alfeo.

Después de esto salió Jesús y se fijó en un recaudador de impuestos llamado Leví, sentado a la mesa donde cobraba. —Sígueme —le dijo Jesús. Y Leví se levantó, lo dejó todo y lo siguió. Luego Leví le ofreció a Jesús un gran banquete en su casa, y había allí un grupo numeroso de recaudadores de impuestos y otras personas que estaban comiendo con ellos. Pero los fariseos y los maestros de la ley que eran de la misma secta les reclamaban a los discípulos de Jesús: —¿Por qué comen y beben ustedes con recaudadores de impuestos y pecadores? —No son los sanos los que necesitan médico, sino los enfermos —les contestó Jesús— (Lucas 5:27-31).

Tomás (arameo), también llamado Dídimo (griego)

Los dos nombres significan gemelo, aunque no sabemos nada acerca del otro gemelo. Mejor conocido por sus dudas, las tres referencias a Tomás no nos dejan una impresión muy positiva.

Cuando Jesús iba a resucitar a Lázaro, Tomás sabía que ya sería peligroso viajar a Judá, pero parece que no tenía mucha fe:

Entonces Tomás, apodado el Gemelo, dijo a los otros discípulos: —Vayamos también nosotros, para morir con él (Juan 11:16).

En el Aposento Alto, Tomás todavía no parece muy listo:

Ustedes ya conocen el camino para ir adonde yo voy». Dijo entonces Tomás: —Señor, no sabemos a dónde vas, así que ¿cómo podemos conocer el camino? —Yo soy el camino, la verdad y la vida —le contestó Jesús—. Nadie llega al Padre sino por mí (Juan 14:4-6).

Tomás es más famoso por sus dudas después de la resurrección:

Tomás, al que apodaban el Gemelo, y que era uno de los doce, no estaba con los discípulos cuando llegó Jesús. Así que los otros discípulos le dijeron: —¡Hemos visto al Señor!

—Mientras no vea yo la marca de los clavos en sus manos, y meta mi dedo en las marcas y mi mano en su costado, no lo creeré — repuso Tomás.

Una semana más tarde estaban los discípulos de nuevo en la casa, y Tomás estaba con ellos. Aunque las puertas estaban cerradas, Jesús entró y, poniéndose en medio de ellos, los saludó. —¡La paz sea con ustedes! Luego le dijo a Tomás: —Pon tu dedo aquí y mira mis manos. Acerca tu mano y métela en mi costado. Y no seas incrédulo, sino hombre de fe.

—¡Señor mío y Dios mío! —exclamó Tomás.

—Porque me has visto, has creído —le dijo Jesús—; dichosos los que no han visto y sin embargo creen (Juan 20:24-29).

Hay leyendas sobre todos los discípulos acerca de su ministerio en la iglesia primitiva y su muerte. Es difícil confirmar la mayoría de ellas, pero una de las más seguras es que Tomás llevó el evangelio a la India.

Los últimos tres

Jacobo, llamado "el Menor" para diferenciarlo de Jacobo, el hijo de Zebedeo, era hijo de Alfeo. Posiblemente era hermano de Mateo; los dos eran hijos de Alfeo.

Tadeo fue el segundo Judas. Lucas dice que era hijo de Jacobo.

Solo se menciona una vez, y es mejor conocido por *no* ser el Iscariote:

Judas (no el Iscariote) le dijo: —¿Por qué, Señor, estás dispuesto a manifestarte a nosotros, y no al mundo? (Juan 14:22)

Ha habido muchas conjeturas acerca de Simón el Cananista, o Zelote. Posiblemente era un patriota de Israel y un político radical; o simplemente podría significar "celoso." Nada más se sabe sobre él.

Entonces, ¿qué aprendemos?

Para mí, la lección más obvia es la posibilidad de caminar fiel y estrechamente con Jesús, y aún permanecer en relativa oscuridad. Cada uno de estos doce hombres fue elegido personalmente por Jesús después de una noche intensa de oración con su Padre. Todos fueron enviados. Cada uno recibió autoridad para sanar, echar fuera demonios y proclamar el reino, y lo hizo. Pero cuando se escribieron los Evangelios, no había prácticamente nada que decir sobre la mayoría de ellos.

Probablemente a muchos les gustaría ser un Pedro: audaz, caminando sobre el agua, un hombre varonil. O al menos ser parte del círculo íntimo de Jesús. Tal vez un "discípulo a quien Jesús amaba", como Juan. ¿Significa eso que a Jesús le gustaba más Juan que a los demás? Yo no lo creo, pero tenían una relación especial.

Desafortunadamente, no todos podemos ser parte del círculo íntimo. Hay un orden obvio entre estos discípulos, y si Dios me ha escogido para ser un Jacobo el Menor (y no el famoso Jacobo, hijo de Zebedeo), tengo que aceptarlo. El foco está en quién estoy siguiendo, no en mí.

Esperemos que podamos tener más fe que Tomás, y ciertamente no ser un instrumento del diablo, como Judas. Pero el diablo también se metió con Pedro, lo que llevó a Jesús a reprenderlo: *"Apártate de mí, Satanás."*

Estas son cosas importantes para recordar al discipular a otros. Caminar con Jesús no siempre significa que vamos a ser el centro de atención. No necesariamente significa que tendremos un gran ministerio. Lo que más me impresiona es que cada uno de estos hombres podría estar con Jesús, y ese es mi deseo principal mientras busco caminar cerca de Él.

9

Liderar como Jesús lideró

Andar como Jesús anduvo. Ciertamente, Jesús era un líder. De hecho, Él era el mejor líder que ha pisado esta tierra. Liderar como Jesús lideró. Hacer discípulos como Cristo hizo discípulos. Tenemos mucho que aprender de Él. Si andamos como Él anduvo, seremos grandes líderes y haremos grandes discípulos.

Hemos visto a aquellos a quienes Cristo llamó, designó y envió como apóstoles. Hasta ahora, tenían responsabilidades limitadas: sanar a los enfermos, liberar a los endemoniados y predicar el reino. Eso es un gran comienzo, pero cualquier pastor te dirá que ser líder implica mucho más. Pedro se destacó como un líder natural. Jesús reconoció y alentó ese liderazgo, pero las mismas cualidades que Dios usaría poderosamente le causaron dolores de cabeza a Jesús. Pedro tenía muchas lecciones que aprender. Los líderes son más propensos a cometer errores que las personas tranquilas que se quedan atrás.

De las enseñanzas de Jesús y su ejemplo, ¿qué podemos aprender acerca del liderazgo y el tipo de discípulo que queremos formar?

Jesús, ¡haz lo que pidiéremos! Mateo 20:20-28

²⁰*Entonces la madre de Jacobo y de Juan, junto con ellos, se acercó a Jesús y, arrodillándose, le pidió un favor.*

Su solicitud refleja el deseo de cada madre de que su hijo tenga éxito. Es difícil decir si Jacobo y Juan se metieron en esto, o si ella los alentó a acercarse a Jesús. La versión de Marcos (Marcos 10:35-45) no la menciona, pero expone la arrogancia de sus hijos: *Maestro, querríamos que nos hagas lo que pidiéremos* (RVR).

¿Has venido al Señor de esa manera? Es bastante atrevido, pero Jesús no condena automáticamente su deseo de un favor por estar fuera de lugar. Él está dispuesto a escuchar su petición.

[21]—¿*Qué quieres?* —*le preguntó Jesús.*

—*Ordena que en tu reino uno de estos dos hijos míos se siente a tu derecha y el otro a tu izquierda.*

En lugar de confiar en Jesús para decidir quién debe sentarse a su derecha e izquierda (y aceptar su decisión), esperan que Jesús haga lo que le piden. Juan fue el "*discípulo amado*" (Juan 13:23 y 21:7). A menudo había una competencia entre Pedro y Juan, y tal vez Juan quería anticipar cualquier intento de Pedro para ganar esta posición.

Es la naturaleza humana querer ser el primero, al menos la naturaleza humana caída. Queremos los mejores lugares, más influencia y más dinero. ¿Estarías tentado de pedirle a Jesús este favor si hubieras sido uno de los Doce? ¿Cómo crees que se sintieron Pedro y Jesús?

[22]—*No saben lo que están pidiendo* —*les replicó Jesús*—. ¿*Pueden acaso beber el trago amargo de la copa que yo voy a beber?*

—*Sí, podemos.*

Jesús era un maestro en el manejo de situaciones incómodas. Él no los reprende, pero responde con una pregunta para ellos.

¡Aprende a usar preguntas como lo hizo Jesús! ¡No te apresures a reprender a alguien! Los hermanos no tienen idea de lo que significa estar tan cerca de Jesús. El liderazgo se ve glamoroso, pero es mucho más complicado que glamoroso. Pregúntale a cualquier pastor o líder del gobierno.

Jacobo y Juan se apresuraron a afirmar que podían beber de la copa que Jesús iba a beber, pero no sabían lo que eso significa. Sin embargo, en nuestra carrera hacia la cima, nosotros también podemos hacer muchas promesas y declaraciones que no sabemos cómo cumplir (o tratar de cumplir).

23—Ciertamente beberán de mi copa —les dijo Jesús—, pero el sentarse a mi derecha o a mi izquierda no me corresponde concederlo. Eso ya lo ha decidido mi Padre.

Jesús muy gentilmente los rechaza. Parte del liderazgo es aceptar la autoridad de aquellos que están sobre ti. Jesús no dice que iría a su Padre para interceder por ellos, ni siquiera dice que le gustaría tenerles sentados a su lado. Qué interesante saber que el Padre preparó estos lugares y eligió a dos personas que se sentarán al lado de Jesús. Podríamos tratar de adivinar quiénes serían, pero es mejor evitar ese tipo de especulación y dejar que Dios sea Dios.

24Cuando lo oyeron los otros diez, se indignaron contra los dos hermanos.

Podemos entender fácilmente su indignación, pero le brinda a Jesús una gran oportunidad para instruirlos.

Dos clases de liderazgo

25Jesús los llamó y les dijo: —Como ustedes saben, los gobernantes de las naciones oprimen a los súbditos, y los altos oficiales abusan de su autoridad.

Hay dos tipos de liderazgo muy diferentes. Primero, los líderes mundanos:

- Se enseñorean sobre los que están debajo de ellos. (*los jefes gobiernan con tiranía a sus súbditos*, DHH; *tratan a su pueblo con prepotencia*, NTV)

- Creen que el liderazgo es una oportunidad para ejercer su autoridad (*hacen alarde de su autoridad*, NTV). Si es necesario, usan la fuerza para lograr el cumplimiento.

26Pero entre ustedes no debe ser así. Al contrario, el que quiera hacerse grande entre ustedes deberá ser su servidor, 27 y el que quiera ser el primero deberá ser esclavo de los demás; 28 así como el Hijo del hombre no vino para que le sirvan, sino para servir y para dar su vida en rescate por muchos.

La segunda opción es liderar como Jesús:

- No mires al mundo en busca de modelos a seguir. El primer paso hacia el verdadero liderazgo es descartar cualquier idea de enseñorearse de los demás.
- La palabra clave es "*servidor*", o incluso "esclavo".
  - o Si tú quieres llegar a ser grande, si buscas una alta posición en el reino, busca todas las oportunidades para servir.
  - o Deja de lado tus derechos y conviértete en un esclavo voluntario: de Jesús y también al servicio de otros.
  - o Resiste cualquier inclinación a forzar a otros a servirse de ti.
  - o Estudia el ejemplo de la servidumbre de Jesús.
- El líder está dispuesto a dar su vida por aquellos a quienes sirve. Ningún costo es demasiado grande. No hay muchos líderes con esa disposición.

Es fácil para un líder caer en la actitud exigente de "haz lo que te pidiere." Comienza con las demandas que hacemos a aquellos que están debajo de nosotros, pero arrogante puede asumir esa actitud incluso con Dios. ¡Lucha contra eso!

Lavado de pies: Juan 13:13-17

La noche de su traición y arresto, justo antes de la primera Santa Cena, Jesús nos ofreció una poderosa imagen de servidumbre. Por lo general, era tarea del sirviente o esclavo de la casa lavar los pies polvorientos de los visitantes. Obviamente, no era un trabajo agradable; nadie se apresuraba a hacerlo. Jesús sorprendió a sus discípulos al levantarse de la mesa para lavarse los pies. Característicamente, Pedro protestó: él prefiere lavar los pies de Jesús, pero Jesús insiste en que Pedro se humille y permita que su Señor lo sirva de esta manera.

13Ustedes me llaman Maestro y Señor, y dicen bien, porque lo soy.

Jesús nunca niega su posición. El servicio y la humildad no tienen nada que ver con fingir que tu posición no es importante, pero no te jactes de ella y no la uses para tu propio beneficio. No exijas que la gente se incline ante ti o que te llamen por algún título. Jesús evitó los títulos, pero aceptó ser llamado Maestro y Señor. Sin embargo, la implicación de esa posición es muy diferente de lo que podríamos esperar.

14Pues si yo, el Señor y el Maestro, les he lavado los pies, también ustedes deben lavarse los pies los unos a los otros. 15 Les he puesto el ejemplo, para que hagan lo mismo que yo he hecho con ustedes.

Ha habido un considerable debate sobre el lavado de los pies. ¿Necesitamos realmente seguir el ejemplo de Jesús o simplemente encontrar otras maneras de humillarnos y servir? Creo que ambos son importantes. Jesús dice explícitamente que debemos hacer lo que Él hizo. Obviamente, servir es mucho más profundo que un lavado de pies de vez en cuando, pero, así como la Cena del Señor es un gran recordatorio del sacrificio de Jesús, lavar los pies nos recuerda la necesidad de servir humildemente a otros.

¿Cuánto tiempo ha pasado desde que hubo un lavado de pies en tu iglesia? Las iglesias que lo practican a menudo lo limitan a la Semana Santa. ¿Por qué no sorprender a la gente y hacerlo un par de veces al año? ¿De qué otras maneras puedes "lavar los pies" esta semana?

[16] Ciertamente les aseguro que ningún siervo es más que su amo, y ningún mensajero es más que el que lo envió. [17] ¿Entienden esto? Dichosos serán si lo ponen en práctica.

Jesús ya dijo esto en relación con ellos esperando una persecución (Mateo 10:24). ¿Cómo nos atrevemos a pensar que, como líderes en su Cuerpo, estamos por encima de tareas humillantes como lavar los pies?

¿Quién es el más importante? Lucas 22: 24-30

¿Te comparas a ti mismo con los demás? ¿Eras la mascota del profe en la escuela? ¿O tal vez el favorito de un familiar? ¿Has competido por un puesto en la iglesia o en el trabajo? Cualquiera de ellas puede resultar en cosas feas.

No es sorprendente que los discípulos de Jesús no fueran inmunes a los juegos de poder. Pero, por desgracia, esta controversia se presentó en el Aposento Alto, justo después del poderoso ejemplo de lavar los pies. No habían captado el mensaje después de la petición de Jacobo y Juan.

²⁴ Tuvieron además un altercado sobre cuál de ellos sería el más importante. ²⁵ Jesús les dijo: —Los reyes de las naciones oprimen a sus súbditos, y los que ejercen autoridad sobre ellos se llaman a sí mismos benefactores. ²⁶ No sea así entre ustedes. Al contrario, el mayor debe comportarse como el menor, y el que manda como el que sirve.

Existe el "dictador benévolo"; ha habido muchos en la historia del mundo. La gente puede soportar su tiranía porque son atendidos. Algunos pastores y líderes cristianos también han asumido esa postura, pero todo lo que huele a autoritarismo está fuera de lugar en la iglesia. Esa es una palabra difícil para muchos pastores que creen que pueden gobernar su iglesia con mano dura.

Aquí Jesús incluye la edad junto con la actitud de un siervo. Por lo general, los jóvenes son vistos como inexpertos e inmaduros. Esto no es un llamado a colocar a los jóvenes en el liderazgo, aunque a veces puede ser apropiado. Más bien, es un llamado a no solo evitar el autoritarismo que puede acompañar a la edad, sino también a ser como el "más joven", o, como veremos en un momento, como un niño. Es humillarse voluntariamente y tomar una posición más baja. Entonces, tendremos el corazón para liderar como Jesús lideró.

²⁷Porque, ¿quién es más importante, el que está a la mesa o el que sirve? ¿No lo es el que está sentado a la mesa? Sin embargo, yo estoy entre ustedes como uno que sirve.

En el mundo, es obvio que la persona atendida es más importante que la que sirve. No es así en el reino. El cristiano y, especialmente, el líder, se deleita en tomar el lugar más bajo, prefiriendo servir a los demás en lugar de ser servido.

¿Qué te trae más satisfacción? ¿Qué otros te sirvan? ¿O aprovechar cada oportunidad para servir a otras personas?

²⁸Ahora bien, ustedes son los que han estado siempre a mi lado en mis pruebas. ²⁹ Por eso, yo mismo les concedo un reino, así como mi Padre me lo concedió a mí, ³⁰ para que coman y beban a mi mesa en mi reino, y se sienten en tronos para juzgar a las doce tribus de Israel.

Ser un siervo no es incompatible con el poder o la autoridad. Jesús, el servidor más grande de todos, tuvo el reino de los cielos conferido a Él, y Él les pasa ese reino a sus discípulos. Sí, pueden servir mesas aquí en la tierra, pero en el cielo van a comer y beber en la mesa del Señor. ¡Y se sentarán en tronos como jueces!

¿Estás dispuesto a humillarte ahora y confiar en que Dios te levantará en el futuro, si así lo desea?

El más joven es el mayor: Lucas 9:46-48

La discusión en el Aposento Alto no fue la única vez que surgió este tema sobre quién sería el mayor. En otra ocasión, Jesús dio otra perspectiva de la grandeza:

⁴⁶ Entonces entraron en discusión sobre quién de ellos sería el mayor. ⁴⁷ Y Jesús, percibiendo los pensamientos de sus corazones, tomó a un niño y lo puso junto a sí, ⁴⁸ y les dijo: Cualquiera que reciba a este niño en mi nombre, a mí me recibe; y cualquiera que me recibe a mí, recibe al que me envió; porque el que es más pequeño entre todos vosotros, ése es el más grande.

Los niños en los días de Jesús no tenían derechos, y ciertamente no serían vistos como grandes en el reino. Los discípulos reflejan esa actitud cuando intentaron mantener a los niños alejados de

Jesús (Marcos 10:13-14, también Mateo 19:13-14 y Lucas 18:15-16), pero Jesús se indignó con los discípulos. Los valores del reino a menudo se oponen a los valores del mundo, especialmente nuestra comprensión de la grandeza.

¿Qué palabras vienen a la mente para describir a alguien que es grande? ¿Cómo se compara esto con la definición de Jesús? ¿Qué gente ha sido grande a los ojos del mundo? ¿Quién dirías que es grande a los ojos de Jesús?

Debes ser como un niño: Mateo 18:3-7

Jesús ha dado varias perspectivas sobre liderazgo y grandeza. Ahora lleva esta cuestión del niño un paso más allá: ni siquiera puedes entrar en el reino a menos que te vuelvas como niño.

³ Entonces dijo: —Les aseguro que a menos que ustedes cambien y se vuelvan como niños, no entrarán en el reino de los cielos.⁴ Por tanto, el que se humilla como este niño será el más grande en el reino de los cielos. ⁵Y el que recibe en mi nombre a un niño como éste, me recibe a mí.

Una cosa es adoptar una actitud de servicio y humillarte, pero Jesús requiere mucho más, no solo de los líderes, sino de cualquier persona en su reino: hay que cambiar y ser como niños pequeños.

⁶ Pero si alguien hace pecar a uno de estos pequeños que creen en mí, más le valdría que le colgaran al cuello una gran piedra de molino y lo hundieran en lo profundo del mar. ⁷¡Ay del mundo por las cosas que hacen pecar a la gente! Inevitable es que sucedan, pero ¡ay del que hace pecar a los demás!

Esta es una severa advertencia para los líderes. En tu posición como pastor o líder cristiano, si haces que un creyente sencillo y humilde tropiece, enfrentarás un juicio severo. ¡Esas son palabras muy fuertes! ¿Cuántos creyentes, en su búsqueda de posición, influencia y poder, han hecho tropezar a los creyentes más jóvenes?

Jesús tiene una palabra aleccionadora para el idealista: ¡Habrá tropiezos! ¡La gente te hará cosas malas que te ofenden! Ten cuidado de ser demasiado duro contigo mismo si alguien más te ha hecho tropezar, pero sé honesto acerca de tu responsabilidad en la situación.

- ¿Hay algo que estés haciendo en este momento que esté causando que alguien tropiece?

- ¿Estás pisoteando a los "pequeños" en tu búsqueda de la cima?

- ¿Eres como Jacobo y Juan, en busca de posición e influencia? ¿O como su madre, tratando de manipular la situación en beneficio de alguien cercano a ti?

- ¿Cómo estás demostrando el corazón de un siervo?

Ya sea en casa, en el trabajo o en la iglesia, ¿lideras como Jesús lideró? ¿Qué tipo de discípulo estás formando? ¿Qué ejemplo les ofreces?

10

Un pastor como Jesús
Juan 10:1-21

Jesús estableció su iglesia con cinco oficios: apóstol, profeta, evangelista, pastor y maestro (Efesios 4:11). Los apóstoles, profetas y evangelistas están a la vanguardia del esfuerzo para cumplir la Gran Comisión, pero a veces, con su celo por plantar iglesias y ganar muchas almas para el reino, pueden ignorar los importantes oficios de maestro y pastor; resulta que pierden muchas de las ovejas que han aceptado a Jesús. Hemos visto que la Comisión es para hacer discípulos, no simplemente conversos. Es posible levantar una iglesia grande con muchos milagros y prodigios, pero para establecer un verdadero cuerpo de Cristo con discípulos capacitados para hacer otros discípulos, el ministerio del pastor es esencial. Cuando el apóstol que planta una iglesia no instala a un pastor con el corazón de Jesús, deja la puerta abierta para el diablo y para perder muchas ovejas.

Ladrones y bandidos

[1]*»Ciertamente les aseguro que el que no entra por la puerta al redil de las ovejas, sino que trepa y se mete por otro lado, es un ladrón y un bandido.*

En el reino de Dios hay orden. No cualquiera puede decidir que quiere pastorear y tener una iglesia. Hay una puerta, y solo una, en la que un pastor puede entrar para cuidar las ovejas. Jesús ya

105

sabe que hay muchos ladrones y bandidos que se disfrazan de pastores, así como hay muchos falsos profetas, y Él está muy preocupado por eso.

Un ladrón viene a robar. No piensa en las ovejas y su bienestar; solo piensa en sí mismo y en cómo puede aprovechar a los demás. *Él sube por otra parte* (RVR), *entra al corral saltando la cerca* (TLA). No respeta los límites ni la autoridad. El diccionario (Real Academia Española) dice que un bandido es una persona traviesa o de mala intención, malhechor, delincuente, persona sin escrúpulos, que engaña o estafa. ¡Y vienen disfrazados de hombres de Dios!

Pastor, ¡ten cuidado con a quién permites enseñar y dirigir en tu iglesia! Establece puertas claras para entrar en la iglesia y al ministerio, y haz lo que sea necesario para proteger a tu rebaño de bandidos y ladrones. Puede ser que ya haya un ladrón o bandido en el redil, y te toca a ti tomar autoridad en el nombre de Jesús para echarlo fuera.

El pastor llama por nombre a las ovejas

² El que entra por la puerta es el pastor de las ovejas. ³ El portero le abre la puerta, y las ovejas oyen su voz. Llama por nombre a las ovejas y las saca del redil.

Hay varios rebaños dentro del redil de Jesús, quien conoce a los pastores que Él ha llamado para cuidar las ovejas. El pastor solo las cuida, no son suyas, sino que pertenecen a Jesús, el dueño del redil. El pastor legítimo ya conoce los nombres de sus ovejas y toma la iniciativa de buscarlas y llamarlas por nombre. El pastor las ama y quiere cuidarlas. La oveja no vaga de un rebaño a otro buscando un pastor que le gusta; la oveja espera a que su pastor la llame.

¿Qué significa esto para las iglesias y las "ovejas" hoy? ¿Podría ser que le toque a un pastor visitar a la gente, evangelizar y llamar a alguien para que forme parte de su rebaño? O, siendo alguien que fue criado y discipulado en la iglesia, ¿ya conoce a las ovejas, y un apóstol lo coloca en el puesto de pastor? Hay muchas ovejas descarriadas que están hartas del redil; estaban esperando a su pastor, pero ya se han ido a buscar mejores pastos.

⁴Cuando ya ha sacado a todas las que son suyas, va delante de ellas, y las ovejas lo siguen porque reconocen su voz.

El pastor no empieza su ministerio, no se mueve, hasta que haya sacado todas sus ovejas. No quiere dejar ni perder ni una. El Señor le revela cuántas son y él sabe cuándo las tiene todas. Si el pastor subió de entre la congregación, parte de su formación puede ser buscar al Señor para saber cuáles son sus ovejas y establecer una relación con ellas; pueden ser las personas que él ha discipulado. Luego es enviado y comisionado por la iglesia para salir de ese redil y plantar una iglesia nueva. ¡Qué diferente del concepto común del pastoreado! El pastor tiene mucha responsabilidad, y las ovejas solo tienen que escuchar su voz y seguirlo. La base del ministerio es la relación pastor/oveja; es muy personal, tal como la relación de Jesús y sus discípulos.

El pastor necesita dirección; debe saber a dónde va. El Señor puede usar un profeta para dar esa dirección, tal como consagraron a Pablo y a Bernabé (Hechos 13:2). Está claro que él tiene autoridad, y las ovejas confían en él y lo siguen. Esa es una gran responsabilidad: no engañar a ninguna oveja ni llevarla a un lugar peligroso. Las ovejas están más seguras cuando todo este proceso ocurre dentro de la autoridad de un cuerpo local, con una cobertura piadosa que funciona según el plan de Jesús. El problema puede ser esa oveja rebelde que no quiere andar con todo el rebaño, no quiere seguir al pastor y puede distraerlo del cuidado de las demás.

⁵Pero a un desconocido jamás lo siguen; más bien, huyen de él porque no reconocen voces extrañas».

Dios le ha dado a la oveja la capacidad de reconocer la voz de su pastor y seguirlo solo a él. Si su discernimiento funciona bien, nunca seguirá a un extraño; huirá de él. Es algo que Dios nos da a nosotros (y a los animales) para nuestro bienestar y protección.

Jesús es la puerta

⁶Jesús les puso este ejemplo, pero ellos no captaron el sentido de sus palabras.

Los discípulos no eran los más listos. En varias ocasiones no entendieron el significado de las parábolas, pero Jesús graciosamente las explica:

⁷Por eso volvió a decirles: «Ciertamente les aseguro que yo soy la puerta de las ovejas.

Jesús es el camino, la verdad y la vida. Él es la única puerta de salvación; no hay otra entrada al reino de los cielos. Así como el camino es una persona, la puerta también es una persona, y una relación personal con Cristo. Él sabe cuándo entran en el redil, y sabe cuándo salen, y con quién van.

⁸Todos los que vinieron antes de mí eran unos ladrones y unos bandidos, pero las ovejas no les hicieron caso.

Esta es una declaración contundente. ¿Significa que no había buenos sacerdotes o líderes entre los judíos que cuidaran a la gente? Ciertamente, les coloca una expectativa más alta en los pastores del reino.

Si las ovejas en una iglesia no le hacen caso a un pastor, podría ser un ladrón o un bandido.

⁹Yo soy la puerta; el que entre por esta puerta, que soy yo, será salvo. Se moverá con entera libertad, y hallará pastos.

El tipo de liderazgo que Jesús modela implica libertad y alimento. Dentro de los límites de su rebaño, hay libertad. Sí, somos siervos de Cristo y nos sometemos a Él, pero hay algo mal si las ovejas se sienten controladas como esclavas. Hay algo mal en una iglesia si no hay libertad. Las ovejas deben sentir un reposo, una seguridad y la provisión del alimento espiritual que necesitan. Sí, la Biblia nos llama a someternos al pastor (y a los ancianos), pero ellos nunca deben controlar a las ovejas como tiranos.

Cuiden como pastores el rebaño de Dios que está a su cargo, no por obligación ni por ambición de dinero, sino con afán de servir, como Dios quiere. No sean tiranos con los que están a su cuidado, sino sean ejemplos para el rebaño (1 Pedro 5:2-3).

El buen pastor da vida en abundancia

¹⁰El ladrón no viene más que a robar, matar y destruir; yo he venido para que tengan vida, y la tengan en abundancia.

El pastor tiene que vigilar al ladrón. Hay demasiadas ovejas que han perdido a sus familias y sus ministerios; demasiados sueños muertos, e incluso gente muerta, porque cayeron en la trampa del diablo. Él quiere destruirte, y es una batalla fuerte. Si tú sientes la muerte, si estás perdiendo cosas preciosas, ¡despiértate! Si pide mucho dinero, ten cuidado. El ladrón está atacándote. Tienes que resistirle.

En un rebaño, debes sentir la vida; debes observar la vida abundante en los líderes, y la vida de Jesús debe ser evidente.

Cuando parece que la iglesia está muerta, el ladrón ya la controla.

Jesús quiere darte vida en abundancia. La única manera de vivir verdaderamente es en relación con Cristo.

[11]»*Yo soy el buen pastor. El buen pastor da su vida por las ovejas.* [12] *El asalariado no es el pastor, y a él no le pertenecen las ovejas. Cuando ve que el lobo se acerca, abandona las ovejas y huye; entonces el lobo ataca al rebaño y lo dispersa.* [13] *Y ese hombre huye porque, siendo asalariado, no le importan las ovejas.*

El lobo y el asalariado

Jesús ya habló sobre la diferencia entre un verdadero pastor y el ladrón o bandido. Ahora presenta dos amenazas más: el lobo y el "pastor" asalariado. Ese hombre realmente no es un pastor. Para él, es un trabajo. Tal vez alguien lo presionó para pastorear, o podría verlo como una posición cómoda que le permite controlar y aprovecharse de las ovejas y enriquecerse. Él piensa solo en una persona: él mismo. No le importan las ovejas. Cuando hay problemas en la iglesia, las abandona. Esta persona puede predicar bien y tener la apariencia de un varón de Dios, pero no fue llamado por Dios y no es un pastor.

La otra amenaza es el lobo. Las ovejas deben tener el discernimiento para saber que el lobo no tiene la voz de un pastor y no lo siguen. Pero son ovejas, y los lobos las engañan fácilmente: por su personalidad carismática, sus mensajes emotivos y sus promesas de bendiciones y prosperidad.

Es muy obvio que el lobo viene a matar, pero hay lobos disfrazados de ovejas. Hay muchos en las iglesias. Una indicación segura de la obra de un lobo es ovejas dispersas. Cuando él ataca una iglesia, casi siempre hay divisiones y muchas ovejas lastimadas y resentidas que abandonan la iglesia y posiblemente al Señor. Parece que Jesús, con todo su poder y autoridad, podría simplemente proteger a su amado redil, matar al lobo y expulsar al asalariado, pero les permite, tal vez, para probarnos y hacernos más fuertes.

El buen pastor ama a las ovejas, incluso dando su vida por ellas. Las cuida y permanece con ellas, pase lo que pase. Siempre está atento a un lobo o ladrón, y hace todo lo posible para proteger a su rebaño. Nunca abandona a sus ovejas. El dinero y la gloria no le importan mucho. Él hace todo por sus ovejas. Una marca de una iglesia que funciona con un pastor llamado por Dios es la unidad de las ovejas.

El pastor conoce a sus ovejas

14 »*Yo soy el buen pastor; conozco a mis ovejas, y ellas me conocen a mí,* 15 *así como el Padre me conoce a mí y yo lo conozco a él, y doy mi vida por las ovejas.*

¡Jesús dice algo muy impresionante! El conocimiento íntimo que existe entre Dios el Padre y su Hijo existe entre nosotros y Jesús. Esto tiene implicaciones muy importantes para el ministerio. El pastor tiene que verdaderamente conocer a sus ovejas, y ellas tienen que conocerlo a él. Esa es la relación que tenemos con Jesús, y es la relación que Cristo quiere entre sus pastores y sus rebaños. Tienen que pasar tiempo juntos y compartir sus vidas.

Otros rediles

16 *Tengo otras ovejas que no son de este redil, y también a ellas debo traerlas. Así ellas escucharán mi voz, y habrá un solo rebaño y un solo pastor.*

Aquí Jesús habla de los gentiles. El plan de Dios es unir a todas sus ovejas en un solo rebaño, todo bajo la autoridad de Jesucristo.

[17]*Por eso me ama el Padre: porque entrego mi vida para volver a recibirla.* [18] *Nadie me la arrebata, sino que yo la entrego por mi propia voluntad. Tengo autoridad para entregarla, y tengo también autoridad para volver a recibirla. Este es el mandamiento que recibí de mi Padre».*

El Padre está complacido con el pastor que entrega su vida por sus ovejas, pero Jesús tiene un poder divino: después de entregar su vida (en la cruz), Él puede volver a recibirla.

Esta es una respuesta para aquellos que odian a los judíos porque "mataron a Jesús". No, Cristo entregó su vida por su propia voluntad. Él vino a este mundo voluntariamente, sabiendo que iba a morir. Nadie puede arrebatar la vida de Jesús. A diferencia de nosotros, Él es Dios y tiene autoridad para entregar su vida y volver a recibirla. Ningún hombre puede hacer eso.

[19] *De nuevo las palabras de Jesús fueron motivo de disensión entre los judíos.* [20] *Muchos de ellos decían: «Está endemoniado y loco de remate. ¿Para qué hacerle caso?»* [21] *Pero otros opinaban: «Estas palabras no son de un endemoniado. ¿Puede acaso un demonio abrirles los ojos a los ciegos?»*

Perdieron la bendición de entrar en esa vida abundante y ser parte del redil porque se fijaron en las palabras polémicas de Jesús acerca de su vida y muerte. Jesús siempre es polémico cuando realmente analizamos todo lo que dijo. Los judíos sabían que ningún hombre tiene ese control sobre su vida, pero los milagros afirman que tiene que ser de Dios.

Jesús repite otra vez que un verdadero pastor da su vida por las ovejas

Hay otra parábola que demuestra la importancia de cada oveja (Lucas 15:1-7):

¹Muchos recaudadores de impuestos y pecadores se acercaban a Jesús para oírlo, ² de modo que los fariseos y los maestros de la ley se pusieron a murmurar: «Este hombre recibe a los pecadores y come con ellos».

Aquí, el contexto es el desprecio de los líderes religiosos por los "pecadores" que se acercaron a Jesús.

³ Él entonces les contó esta parábola: ⁴ «Supongamos que uno de ustedes tiene cien ovejas y pierde una de ellas. ¿No deja las noventa y nueve en el campo, y va en busca de la oveja perdida hasta encontrarla? ⁵ Y, cuando la encuentra, lleno de alegría la carga en los hombros ⁶ y vuelve a la casa. Al llegar, reúne a sus amigos y vecinos, y les dice: "Alégrense conmigo; ya encontré la oveja que se me había perdido". ⁷ Les digo que así es también en el cielo: habrá más alegría por un solo pecador que se arrepienta que por noventa y nueve justos que no necesitan arrepentirse.

Nos recuerda al hijo pródigo y la reacción de su hermano mayor (Lucas 15:25-32). Esta es una oveja de cien, uno por ciento. No es inusual en una iglesia tener del 10% al 25% de ovejas perdidas en el mundo. Muchos pastores no tienen el tiempo ni el interés para buscar esas ovejas perdidas. Muchos aceptan que así son los pecadores que no toman en serio el evangelio, pero el ejemplo de Jesús es que cada oveja es importante; no quiere perder ni una. También he visto a pastores que abandonan las noventa y nueve para dedicar todo el tiempo a las ovejas rebeldes y descarriadas. Tampoco es apropiado hacer eso.

Ezequiel 34

El pasaje más conocido sobre pastores en el Antiguo Testamento se encuentra en el capítulo 34 de Ezequiel, que los judíos conocían bien. Es un vistazo importante al corazón de Dios hacia sus pastores y sus responsabilidades.

[1]El Señor me dirigió la palabra: [2] «Hijo de hombre, profetiza contra los pastores de Israel; profetiza y adviérteles que así dice el Señor omnipotente: "¡Ay de ustedes, pastores de Israel, que solo se cuidan a sí mismos! ¿Acaso los pastores no deben cuidar al rebaño? [3] Ustedes se beben la leche, se visten con la lana, y matan las ovejas más gordas, pero no cuidan del rebaño. [4] No fortalecen a la oveja débil, no cuidan de la enferma, ni curan a la herida; no van por la descarriada ni buscan a la perdida. Al contrario, tratan al rebaño con crueldad y violencia. [5] Por eso las ovejas se han dispersado: ¡por falta de pastor! Por eso están a merced de las fieras salvajes. [6] Mis ovejas andan descarriadas por montes y colinas, dispersas por toda la tierra, sin que nadie se preocupe por buscarlas.

¿Cuáles son las quejas del Señor contra estos pastores?

Solo se cuidan a sí mismos; no se preocupan por el rebaño. Abusan del rebaño y roban lo que pertenece a las ovejas:

- Beben la leche, se visten con la lana y matan a las más gordas.
- No fortalecen a la oveja débil.
- No cuidan de la oveja enferma.
- No curan a la oveja herida.
- No buscan a los perdidos ni persiguen a los que se han extraviado.

- Tratan al rebaño con crueldad y violencia.

Como resultado:

- Las ovejas se dispersan.
- Están a la merced de las fieras salvajes.
- Andan descarriadas por montes y colinas.
- No hay nadie que las cuide; son vulnerables.

El Señor no culpa a las ovejas por ser rebeldes o descarriarse; es parte de ser oveja que se lastima y a veces es débil. El Señor culpa a los pastores y los responsabiliza por la miseria de sus ovejas.

El juicio de Dios sobre esos pastores

[7] »"Por tanto, pastores, escuchen bien la palabra del Señor: [8] Tan cierto como que yo vivo —afirma el Señor omnipotente—, que por falta de pastor mis ovejas han sido objeto del pillaje y han estado a merced de las fieras salvajes. Mis pastores no se ocupan de mis ovejas; cuidan de sí mismos, pero no de mis ovejas. [9] Por tanto, pastores, escuchen la palabra del Señor. [10] Así dice el Señor omnipotente: Yo estoy en contra de mis pastores. Les pediré cuentas de mi rebaño; les quitaré la responsabilidad de apacentar a mis ovejas, y no se apacentarán más a sí mismos. Arrebataré de sus fauces a mis ovejas, para que no les sirvan de alimento.

Cuando un pastor no cumple con su llamado dado por Dios, el Señor:

- Se opone a ellos.
- Les pide cuentas del rebaño de Dios.
- Les quitará la responsabilidad de apacentar a las ovejas.
- Los afligirá para que ya no se apacentaran más a sí mismos.

- Rescatará a sus ovejas de sus fauces.

Cómo Dios pastorea sus ovejas

[11] »*Así dice el Señor omnipotente: Yo mismo me encargaré de buscar y de cuidar a mi rebaño.* [12] *Como un pastor que cuida de sus ovejas cuando están dispersas, así me ocuparé de mis ovejas y las rescataré de todos los lugares donde, en un día oscuro y de nubarrones, se hayan dispersado.* [13] *Yo las sacaré de entre las naciones; las reuniré de los países, y las llevaré a su tierra. Las apacentaré en los montes de Israel, en los vados y en todos los poblados del país.* [14] *Las haré pastar en los mejores pastos, y su aprisco estará en los montes altos de Israel. Allí descansarán en un buen lugar de pastoreo y se alimentarán de los mejores pastos de los montes de Israel.* [15] *Yo mismo apacentaré mi rebaño, y lo llevaré a descansar. Lo afirma el Señor omnipotente.* [16] *Buscaré a las ovejas perdidas, recogeré a las extraviadas, vendaré a las heridas y fortaleceré a las débiles, pero exterminaré a las ovejas gordas y robustas. Yo las pastorearé con justicia.*

Dios mismo tiene que pastorearlas; nunca va a simplemente abandonarlas. En su ejemplo vemos lo que Dios espera de sus pastores hoy:

- Buscar y cuidar al rebaño.
- Cuidar de las ovejas que están dispersas.
- Rescatarlas de los lugares donde se hayan dispersado.
- Sacarlas del mundo para apacentarlas en rebaños seguros.
- Pastarlas en los mejores pastos donde se alimentarán.
- Proveerles un buen lugar de descanso.
- Vendar a las heridas.
- Fortalecer a las débiles.

- Pastorearlas con justicia.

Curiosamente, Él está en contra de las gordas y robustas. ¡Las exterminará!

Juicio de las ovejas

[17] *»En cuanto a ti, rebaño mío, esto es lo que dice el Señor omnipotente: Juzgaré entre ovejas y ovejas, y entre carneros y chivos.* [18] *¿No les basta con comerse los mejores pastos, sino que tienen también que pisotear lo que queda? ¿No les basta con beber agua limpia, sino que tienen que enturbiar el resto con las patas?* [19] *Por eso mis ovejas tienen ahora que comerse el pasto que ustedes han pisoteado, y beberse el agua que ustedes han enturbiado.*

[20] *»Por eso, así dice el Señor omnipotente: Yo mismo voy a juzgar entre las ovejas gordas y las flacas.* [21] *Por cuanto ustedes han empujado con el costado y con la espalda, y han atacado a cornadas a las más débiles, hasta dispersarlas,* [22] *voy a salvar a mis ovejas, y ya no les servirán de presa. Yo juzgaré entre ovejas y ovejas.* [23] *Entonces les daré un pastor, mi siervo David, que las apacentará y será su único pastor.* [24] *Yo, el Señor, seré su Dios, y mi siervo David será su príncipe. Yo, el Señor, lo he dicho.*

Los pastores no son los únicos con pecado. Dios está en contra de las ovejas gordas que privan a las ovejas más débiles de su alimento y agua. Son egoístas, como alguien que hace pecar a uno de los pequeños (Mateo 18:6). Dios tiene algo especial en su corazón para las flacas y las débiles.

Su solución para estos abusos es pastorear a sus ovejas Él mismo, a través de alguien con el corazón de David, y un descendiente de David (Jesús), y los pastores a quienes Jesús delega el cuidado de su rebaño.

²⁵ »Estableceré con ellas un pacto de paz: haré desaparecer del país a las bestias feroces, para que mis ovejas puedan habitar seguras en el desierto y dormir tranquilas en los bosques. ²⁶ Haré que ellas y los alrededores de mi colina sean una fuente de bendición. Haré caer lluvias de bendición en el tiempo oportuno. ²⁷ Los árboles del campo darán su fruto, la tierra entregará sus cosechas, y ellas vivirán seguras en su propia tierra. Y, cuando yo haga pedazos su yugo y las libere de sus tiranos, entonces sabrán que yo soy el Señor. ²⁸ Ya no volverán a ser presa de las naciones, ni serán devoradas por las fieras. Vivirán seguras y nadie les infundirá temor. ²⁹ Les daré una tierra famosa por sus cosechas. No sufrirán hambre en la tierra, ni tendrán que soportar los insultos de las naciones. ³⁰ Entonces sabrán que yo, el Señor su Dios, estoy con ellos, y que ellos, el pueblo de Israel, son mi pueblo. Yo, el Señor omnipotente, lo afirmo, ³¹ y afirmo también que yo soy su Dios y que ustedes son mis ovejas, las ovejas de mi prado"».

Dios hará todo lo necesario para cuidar a sus ovejas y proporcionarles lo mejor. Será imposible cumplir la Gran Comisión sin el arduo trabajo de los pastores. Otros (los apóstoles, profetas y evangelistas) pueden hacer la obra que atrae la atención, predicando a las multitudes y operando en señales y prodigios, pero son los pastores los que día tras día alimentan y cuidan a sus ovejas, que van a sostener a las iglesias vivas, con ovejas dedicadas a la obra de hacer discípulos.

11

La importancia del trabajo

Juan 5:16-47

Si vamos a cumplir la Gran Comisión, hay que trabajar. Trabajar duro: espiritual, emocional e incluso físicamente. Dios es un dios que trabaja y espera lo mismo de sus hijos. El reino de Dios y el cielo no son sólo reposo y cultos de adoración; Dios nos está preparando para el importante trabajo de reinar con Cristo.

En el capítulo 5 de Juan, Jesús está en Jerusalén para una fiesta, y todos los líderes religiosos lo rodean. La situación es delicada, y Jesús lo sabe. Él sanó a un paralítico en el conocido estanque de Betesda, un lugar sucio, lleno de enfermos. El hombre fue al templo, anunciando a todos el milagro que experimentó. Ni siquiera sabía que fue Jesús quien lo sanó, pero cuando se enteró, sin pensarlo, informó a los líderes quién fue. ¿Quién puede discutir con un milagro tan impresionante? Pues, Jesús lo hizo en sábado, por lo que los líderes de los judíos se enfurecieron con Él. Cuando servimos al Señor, muchas personas, incluso religiosas, vendrán contra nosotros. Característicamente, Jesús no se somete al temor ni a su presión, no hace nada para aplacarlos y ni se defiende ni se disculpa. No dijo: "Oh, perdóname. No sabía que estaba quebrantando el sábado. No lo volveré a hacer." No, Jesús empeora la situación con este discurso.

Jesús aún está trabajando

¹⁶ *Precisamente por esto los judíos perseguían a Jesús, pues hacía tales cosas en sábado.* ¹⁷ *Pero Jesús les respondía: —Mi Padre aún hoy está trabajando, y yo también trabajo.*

El Padre no tiene un día de reposo; Jesús dice que aún está trabajando en el sábado. Bueno, sabemos que Él descansó el séptimo día de la creación, pero siempre está trabajando para salvar y sanar, incluso en el día de reposo. Puede haber ocasiones en que nos parece que Dios no está trabajando; clamamos a Dios y parece que Él no hace nada, pero Él siempre está trabajando.

El trabajo es importante. Es parte de la naturaleza de Dios, y nosotros somos hechos a su imagen. Es bueno trabajar. Es muy difícil estar sin trabajo; destruye la autoestima. Dios quiere que seas productivo y te quiere en un trabajo digno. Cada creyente debe trabajar en algo para edificar el reino de Dios. Tenemos una tarea muy importante que cumplir: hacer discípulos de todas las naciones. ¿Estás trabajando para esa meta ahora? Seguramente es una prioridad para Dios, y Él está muy ocupado en ese trabajo. Una premisa del excelente libro Experiencia con Dios es que debes buscar dónde Dios ya esté trabajando y unirte a Él en ese trabajo. ¿Dónde puedes ver a Dios trabajar ahora?

Los fariseos creían que Dios estaba trabajando en el templo y a través de la gente bien estudiada. Ellos eran muy religiosos y estaban muy ocupados en la obra de Dios, pero perdieron la bendición de Dios debido a su interpretación rígida de la Biblia. Dios estaba trabajando en las calles, en el campo y en lugares feos, como Betesda. Hoy, muchos dirían que Dios está trabajando en las megaiglesias y por medio de apóstoles y profetas famosos. Puede ser, pero qué triste sería estar equivocado e ignorar a la gente que hace la obra de Dios en lugares muy humildes.

Jesús es igual al Padre

Lo que Jesús dice puede parecer inocente, pero inflama la situación con los líderes judíos:

[18] Así que los judíos redoblaban sus esfuerzos para matarlo, pues no solo quebrantaba el sábado, sino que incluso llamaba a Dios su propio Padre, con lo que él mismo se hacía igual a Dios.

Una vez más, Jesús no se defendió. No dijo: "Oh, lo siento. No quiero decir que soy Dios. Solo soy el hijo de Dios, así como ustedes son hijos de Dios." No, Él dijo que es Dios, y ellos se ofendieron por dos cosas tan graves que aún más procuraban matarlo.

1. Quebrantó sus normas de observar el sábado (aunque no quebrantó ninguna ley de Dios).

2. Jesús llamó a Dios su propio Padre (como su hijo unigénito, lo que es diferente de nuestra relación con Dios como Padre), y así se hizo igual a Dios. Ese es un gran problema para los judíos y para muchos en el mundo actual. Dicen que la Biblia no afirma que Cristo sea Dios, pero están equivocados: Jesús afirmó claramente ser Dios. Solo hay tres opciones: tiene que ser loco, un mentiroso o el verdadero Hijo de Dios. ¿Tienes certeza de que Cristo es Dios? ¿Puedes defender su divinidad ante otros?

Nada por su propia cuenta

[19] Entonces Jesús afirmó: —Ciertamente les aseguro que el Hijo no puede hacer nada por su propia cuenta, sino solamente lo que

ve que su Padre hace, porque cualquier cosa que hace el Padre, la hace también el Hijo.

El ejemplo de Jesús nos ofrece algo que debemos evitar, y luego nos brinda una forma de garantizar un trabajo productivo.

1. Jesús no hizo nada por su propia cuenta. Siendo Dios, obviamente tenía el potencial de hacer cualquier cosa, pero no tenía la libertad de hacer nada por su cuenta. Es el Hijo de Dios, pero no pudo actuar independientemente. Hizo solo lo que vio hacer a su Padre. Eso implica una relación muy íntima; siempre estaba observando lo que hacía. Si es así para Cristo, quien nunca comete errores, imagínanos, que somos muy propensos a ellos. La Biblia habla fuertemente sobre la importancia de hacer la voluntad de Dios y el peligro de hacer algo por nuestra propia cuenta (ver la advertencia en Mateo 7 en la página 165 de este libro). Desde la infancia, hemos dicho: "Yo puedo"; ahora tenemos que decir: "No puedo". No puedo inventar nuevas formas de hacer la obra de Dios ni usar los métodos del mundo. No puedo hacer nada por mi propia cuenta.

2. Jesús quería imitar a su Padre. Lo que había visto hacer a su Padre, Él lo hacía también. Todo, cualquier cosa que haga el Padre, Jesús también lo hace. No sabía automáticamente cuál sería la obra del Padre; tenía que observarlo. Si su Padre lo hace, Él también lo hará. Así garantiza agradar a su Padre y ser fructífero.

¿Qué significa para nosotros? Todo lo que Jesús hizo, nosotros lo podemos hacer también (confirmado por las Escrituras como 1 Juan 2:5-6 y Juan 14:12). La fuente más importante de información acerca de lo que Dios hace es la Biblia. Tenemos que estudiarla y averiguar cómo Dios trabaja, qué hace y qué hizo Jesús.

¿No tiene mucha lógica trabajar así? ¿Por qué querríamos hacer algo por nuestra propia cuenta? ¿Realmente creemos que sabemos más que Dios, o podemos hacer el ministerio mejor? ¿Tenemos tanto orgullo? No, tenemos que escudriñar lo que hacemos para ver si lo hacemos por nuestra propia cuenta. ¿Quién eres tú para pensar que eres mejor que Jesucristo?

Pues el Padre ama al Hijo y le muestra todo lo que hace. Sí, y aun cosas más grandes que estas le mostrará, que los dejará a ustedes asombrados.

Aquí podemos ver el paralelo entre la relación de Dios Padre y su Hijo Jesucristo y la relación padre/hijo en nuestras familias. En una relación y familia sanas, el hijo observa todo lo que hace su papá y lo imita (por desgracia, también imita sus malos ejemplos). Y un buen padre terrenal ama a su hijo y quiere mostrarle todo lo que hace. No tiene nada que ocultar. Cuando mi hijo apenas tenía cinco años, ya tenía su iglesia y predicaba a sus peluches. A veces nos invitaba a su madre y a mí a sus cultos. Examina tus acciones para asegurarte de que no hagas nada que pueda dar un mal ejemplo a tu hijo.

Dios Padre también muestra todo lo que hace a su Hijo, Jesucristo. Es una manifestación de su amor. El Padre te ama a ti también, su hijo adoptivo, y quiere mostrarte lo que está haciendo. ¡Abre tus ojos! Jesús nos prometió que haríamos cosas mayores que Él, para asombrar a la gente del mundo. Si estos judíos están escandalizados y asombrados por esta curación, el Padre tiene mucho más planeado y los dejará aún más escandalizados y asombrados.

Dios, el dador de la vida

21 Porque así como el Padre resucita a los muertos y les da vida, así también el Hijo da vida a quienes a él le place.

Solo Dios puede dar vida. El hecho de que Jesús da vida a los que quiere es otra confirmación de su divinidad. Nosotros podemos ser el canal que Dios usa para dar vida a otros a través de la Palabra o cuando presentamos a alguien a Jesús. Queremos siempre ministrar la vida y nunca ministrar la muerte.

Levantar a los muertos y dar vida es una expresión maravillosa de poder sobrenatural. Lo vemos manifestado cuando Jesús revivió a un muerto (como Lázaro) y cuando el Padre resucitó a Jesús de la muerte a través del poder del Espíritu Santo. Sabemos que Él también nos dio ese poder a nosotros (Mateo 10:8; Hechos 9:40-41 y 20:9-12). ¿Tienes fe en que Dios puede usarte para resucitar a un muerto?

Todo juicio delegado al Hijo

22 Además, el Padre no juzga a nadie, sino que todo juicio lo ha delegado en el Hijo, 23 para que todos honren al Hijo como lo honran a él. El que se niega a honrar al Hijo no honra al Padre que lo envió.

Esta es una declaración sorprendente para muchos: El Padre no juzga a nadie, sino que ha delegado todo juicio en Jesús. A veces pensamos en el Padre como el juez severo y en Jesús como nuestro amigo que nos ama, pero es Jesús quien te juzgará. ¡Qué consuelo saber que tu juez es tu salvador!

Podemos aprender del ejemplo del Padre para delegar algunas tareas a otros. La delegación es una forma de obtener honra para quienes están debajo de ti. El propósito principal del Padre en eso es que todos honren a Jesús como lo honran a Él. El pastor que delega una tarea a un anciano quiere que la iglesia honre a ese anciano de la misma manera que honra al pastor. El Padre no vuelve a juzgar cuando quiere; ya no juzga a nadie. Cuando nosotros delegamos algo, debemos resistir la tentación de volver a intervenir en él, pero también debemos ofrecer un buen ejemplo y una orientación sobre cómo llevar a cabo la tarea. Jesús aprendió a juzgar observando a su Padre (¿en el Edén, o en el gran diluvio?).

Juzgar es una obra muy importante y no se debe hacerlo a la ligera. Un juez es digno de mucha honra. El honor es muy importante para Dios. Jesús está reprendiendo a los líderes judíos porque lo juzgan por hacer algo bueno, algo que honra a Dios. Es importante honrar a Dios y honrar a aquellos que Dios ha puesto en el liderazgo de la iglesia.

¿Cómo nos negamos a honrar a Jesús?

- Dudar de que sea Dios y haya sido enviado por el Padre.
- Despreciar sus palabras y sus obras.
- Tomar a la ligera sus mandamientos y su corazón, como se revelan en la Biblia.

De esa manera, tampoco honramos al Padre. ¿Cómo honramos al Padre y al Hijo?

- Creer en su palabra y ponerla en práctica.
- Dar un ejemplo al mundo que los glorifica y da un buen testimonio de quiénes son.
- Dar toda la gloria a ellos y adorarlos en espíritu y en verdad, no solo en alabanzas en la iglesia, sino en toda la vida cotidiana.
- Darle el primer lugar en tu vida.
- Confesar a otros tu amor por Él y tu fe en Él.

Cómo pasar de la muerte a la vida

²⁴ »*Ciertamente les aseguro que el que oye mi palabra y cree al que me envió tiene vida eterna y no será juzgado, sino que ha pasado de la muerte a la vida.*

¿Serás juzgado? ¿Has pasado de la muerte a la vida? ¿Tienes vida eterna? Qué gran privilegio es ayudar a alguien a pasar de la muerte a la vida, ser salvo y evitar un juicio eterno. En tu evangelización, ¿compartes la Palabra de Dios? ¿Diriges a la gente a creer en el Padre? ¿Les cuentas de la vida que obtendrán y el juicio que evitarán?

Esta es otra manera de explicar cómo ser salvo, cómo pasar de la muerte a la vida: escuchar la palabra de Jesús y creerle al Padre, es decir, creer que todo lo que la Biblia dice sobre Dios es la verdad.

Los muertos oirán la voz de Jesús

²⁵*Ciertamente les aseguro que ya viene la hora, y ha llegado ya, en que los muertos oirán la voz del Hijo de Dios, y los que la oigan vivirán.*

Este es un verso complicado. ¿Quiénes son estos muertos? ¿Gente sepultada que escuchó la voz de Jesús mientras Él estaba en la tumba? ¿O aquellos que están físicamente vivos pero espiritualmente muertos?

Claramente, no todos los que oyeron la voz de Jesús vivieron; no todos recibieron la vida eterna. Para vivir cuando oímos su voz y escuchamos su Palabra, tenemos que responder con fe y obediencia.

²⁶*Porque así como el Padre tiene vida en sí mismo, así también ha concedido al Hijo el tener vida en sí mismo,* ²⁷ *y le ha dado autoridad para juzgar, puesto que es el Hijo del hombre.*

Nadie le dio vida a Jesús, no fue creado ni nacido, sino que tiene vida en sí mismo. Sin embargo, vemos orden en la divinidad, con Jesús sometiéndose a su Padre. El Padre delegó todo juicio a Jesús y le dio la autoridad para hacerlo. Cuando deleguemos una tarea a alguien, debemos darle la autoridad que le corresponde.

²⁸*»No se asombren de esto, porque viene la hora en que todos los que están en los sepulcros oirán su voz,* ²⁹ *y saldrán de allí. Los que han hecho el bien resucitarán para tener vida, pero los que han practicado el mal resucitarán para ser juzgados.*

Al final, cuando Jesús venga, dará el grito y todos los muertos resucitarán para el día del juicio.

- Aquellos que han hecho el bien recibirán vida (¡otra vez la importancia de las buenas obras!).

- Los que hayan practicado el mal serán juzgados. Todos hacemos el mal de vez en cuando, pero nos arrepentimos y pedimos el perdón de Dios. Esta es la persona que habitualmente *practica* el pecado: *Ninguno que haya nacido de Dios practica el pecado, porque la semilla de Dios permanece en él; no puede practicar el pecado, porque ha nacido de Dios* (1 Juan 3:9).

No somos salvos por nuestras buenas obras, pero somos juzgados por ellas. ¿Cómo te irá ese día ante el gran trono de Dios? ¿Recibirás la vida?

³⁰*Yo no puedo hacer nada por mi propia cuenta; juzgo solo según lo que oigo, y mi juicio es justo, pues no busco hacer mi propia voluntad, sino cumplir la voluntad del que me envió.*

Así como Jesús enseñó solo lo que el Padre le dio, y no hace nada por su propia cuenta, así juzga según lo que el Padre le ordena. Él acaba de decir que el Padre le delegó todo el juicio, pero aún confía en lo que escucha de su Padre para hacer los juicios. La versión TLA da esta traducción del versículo: *Mi Padre me envió, y él me dice cómo debo juzgar a las personas. Por eso yo juzgo correctamente, porque no hago lo que yo quiero, sino lo que mi Padre me ordena hacer.* Qué increíble imagen de sumisión, honor y trabajo conjunto. Este es su ejemplo de cómo honrar a quienes nos han confiado el ministerio y, especialmente, cómo honrar a Dios.

Así es como vivió Jesús y cómo debes vivir: para complacer al Padre y a Jesús, y no a ti mismo. Toda la vida de Cristo estuvo sometida al Padre para cumplir su voluntad. Para complacer al Padre de esta manera, debes saber lo que quieres: la Biblia es la fuente más importante, junto con el Espíritu Santo para guiarte momento a momento. ¿Dirías que conoces la voluntad de Dios en un sentido general y específicamente en las decisiones que debes tomar? ¿O estás tropezando en las tinieblas, haciendo lo que te parece correcto? La tendencia de nuestra naturaleza caída es complacer a sí misma. Ya sea en la familia, en el tiempo libre o en la iglesia, naturalmente tendemos a hacer lo que queremos en lugar de tomarnos el tiempo para escuchar la voz de Dios, escudriñar las Escrituras y hacer lo que el Padre nos dice que hagamos. Cuando trabajas para cumplir la Gran Comisión, Dios claramente te guiará y preparará el camino ante ti.

El testimonio acerca de Jesús

[31] *»Si yo testifico en mi favor, ese testimonio no es válido.* [32] *Otro es el que testifica en mi favor, y me consta que es válido el testimonio que él da de mí.*

Para fastidiar aún más a los líderes religiosos, Jesús reclama el testimonio de un "otro" misterioso, dejándolos adivinar quién sería y qué tipo de testimonio sería. Obviamente, si alguien testifica en su propio favor, no es válido, pero su Padre testifica en su favor, con una voz audible en su bautismo, en respuesta a sus oraciones (como en la resurrección de Lázaro, Juan 11:41-44) y en todos los milagros que hizo.

Es tentador testificar en tu propio favor, mencionando a gente famosa que conoces, los premios que has recibido y los estudios que has completado. Ten cuidado: ese testimonio no es válido, y ten cuidado con otros que testifiquen a su favor.

33 »Ustedes enviaron a preguntarle a Juan, y él dio un testimonio válido.34 Y no es que acepte yo el testimonio de un hombre; más bien lo menciono para que ustedes sean salvos. 35 Juan era una lámpara encendida y brillante, y ustedes decidieron disfrutar de su luz por algún tiempo.

Muchos respetaron a Juan el Bautista. Aunque generalmente Jesús no acepta el testimonio de un hombre, agradecidamente recibió el de Juan.

36 »El testimonio con que yo cuento tiene más peso que el de Juan. Porque esa misma tarea que el Padre me ha encomendado que lleve a cabo, y que estoy haciendo, es la que testifica que el Padre me ha enviado.37 Y el Padre mismo que me envió ha testificado en mi favor.

Otro testimonio importante es la obra que Jesús está llevando a cabo: los milagros, pero más importante, más tarde, su muerte en la cruz.

Jesús condena a sus acusadores

A pesar de toda esta evidencia, ellos no lo honran y no quieren venir a Él (una decisión de su voluntad). Jesús está molesto y cambia su tono, condenando a sus acusadores:

Ustedes nunca han oído su voz, ni visto su figura, [38] ni vive su palabra en ustedes, porque no creen en aquel a quien él envió. [39] Ustedes estudian con diligencia las Escrituras porque piensan que en ellas hallan la vida eterna. ¡Y son ellas las que dan testimonio en mi favor! [40] Sin embargo, ustedes no quieren venir a mí para tener esa vida.

- Nunca han oído su voz. Jesús está hablando de la voz del Padre, aunque el Padre estaba hablando por medio de Él. Estaban escuchando su voz en ese momento, pero oír espiritualmente es mucho más que escuchar una voz, como dijo Jesús muchas veces: *"el que tiene oídos para oír, que oiga."* Oír.

- No han visto su figura. De nuevo, Jesús habla del Padre. Ellos no tienen los ojos para realmente ver, pero Cristo dijo que el que ha visto al Hijo ha visto al Padre (Juan 14:9). ¡Dios estaba allí presente, delante de ellos, en ese mismo momento!

- Su palabra no vive en ellos.

- No creen en el Padre que envió a Jesús (¡aunque pensaban que eran buenos judíos que creían en Dios!). Jesús dijo que no es posible creer en Dios si no se cree en su Hijo.

- Las Escrituras y el estudio de ellas son importantes, pero es posible estudiarlas con diligencia, sin la guía del

Espíritu Santo, y perder el mensaje. Ignoran el claro testimonio del Antiguo Testamento sobre Jesús.

Y Jesús profundiza aún más en su condena:

[41] *»La gloria humana no la acepto,* [42] *pero a ustedes los conozco, y sé que no aman realmente a Dios.* [43] *Yo he venido en nombre de mi Padre, y ustedes no me aceptan; pero, si otro viniera por su propia cuenta, a ese sí lo aceptarían.* [44] *¿Cómo va a ser posible que ustedes crean, si unos a otros se rinden gloria, pero no buscan la gloria que viene del Dios único?*

- No aceptan a Jesús, que vino en el nombre de su Padre.
- Se rinden gloria los unos a los otros, pero no buscan la gloria de Dios, lo cual les hace imposible tener verdadera fe.
- Tienen una apariencia de religiosidad, pero en realidad no aman a Dios.

Estamos muy listos para recibir la gloria humana: los elogios, las posiciones o los anuncios que proclaman al gran hombre de fe que soy. En tu vida, busca la gloria que viene de Dios, y no caigas en la trampa de rendirse la gloria unos a otros. Nadie más puede conocerte realmente, pero Jesús te conoce y puede ver a través de ti. ¿Tienes el amor de Dios en tu corazón?

[45] *»Pero no piensen que yo voy a acusarlos delante del Padre. Quien los va a acusar es Moisés, en quien tienen puesta su esperanza.* [46] *Si le creyeran a Moisés, me creerían a mí, porque de mí escribió él.* [47] *Pero, si no creen lo que él escribió, ¿cómo van a creer mis palabras?»*

Moisés y su ley eran muy importantes para ellos, pero es Moisés quien los acusará.

¿Cuál es el trabajo que Dios tiene para ti?

¿Vives para complacer a Dios? ¿Lo honras en todo lo que haces? Él te invita a trabajar con Él en su obra. Hasta ahora, el Padre está trabajando, y Él sigue trabajando, con o sin ti. Demasiadas veces, nosotros tenemos una obra que queremos hacer. Pedimos la bendición de Dios sobre esa obra, pero puede que no sea el trabajo que Dios tiene para ti. ¿Cuál sería el mejor trabajo para ti? Dios tiene el mejor trabajo, hecho a tu medida, porque Él te conoce perfectamente. ¿Dónde está Dios trabajando en tu vida ahora? ¿Cómo puedes unirte a esa obra?

12

Cuatro viñedos

Mateo 20:1-16; 21:28-46

A Dios le gusta la viña. Las palabras "viñedo" y "viña" aparecen 135 veces en la Nueva Versión Internacional. Sería interesante estudiar todo lo que la Biblia dice al respecto. Aquí, Jesús usa una viña en cuatro parábolas para describir el reino de Dios. Como vimos en el último capítulo, el trabajo es importante en el reino, y es un tema que las cuatro viñas tienen en común. Dios siempre es el dueño, y nosotros los obreros, trabajando para cumplir la Gran Comisión y acelerar el regreso de Jesucristo.

Conseguir obreros para su viñedo

1»Así mismo el reino de los cielos se parece a un propietario que salió de madrugada a contratar obreros para su viñedo.

Jesús dijo que la mies es mucha, más los obreros pocos (Mateo 9:37). Aquí, Dios no tiene obreros a tiempo completo. El Señor del universo tiene que levantarse temprano para buscar obreros contratados en la plaza cada día. Muchos hoy conocen muy bien esa experiencia; ya sea al costado de una carretera, en una gasolinera o en una ferretería, muchos dependen de alguien como este propietario para vivir.

¿No te parece que Dios tendría una abundancia de obreros que quisieran trabajar en su viñedo, y que estarían entusiasmados

133

de cumplir la Gran Comisión? ¿No sería Dios el mejor propietario?

²Acordó darles la paga de un día de trabajo y los envió a su viñedo.

El primer grupo es el único que sabe de antemano cuál sería su paga. Parece ser la paga habitual por un día de trabajo.

³Cerca de las nueve de la mañana, salió y vio a otros que estaban desocupados en la plaza.⁴ Les dijo: "Vayan también ustedes a trabajar en mi viñedo, y les pagaré lo que sea justo". ⁵ Así que fueron. Salió de nuevo a eso del mediodía y a la media tarde, e hizo lo mismo. ⁶ Alrededor de las cinco de la tarde, salió y encontró a otros más que estaban sin trabajo. Les preguntó: "¿Por qué han estado aquí desocupados todo el día?" ⁷ "Porque nadie nos ha contratado", contestaron. Él les dijo: "Vayan también ustedes a trabajar en mi viñedo".

No sabemos por qué no contrató a todos los que necesitaba a la vez. Puede ser que, siendo Dios, fuera un hombre compasivo que quería ayudar a todos los posibles. Tampoco le gusta ver a hombres capaces desocupados, porque es como el dicho: "una mente ociosa es el taller del diablo". Dios nos diseñó para trabajar. Su viñedo le dio la oportunidad de proporcionar trabajo a muchos; un buen ejemplo para los que tengan un negocio hoy. El viñedo y la casi ilimitada necesidad de obreros le brindan muchas oportunidades para probarnos, entrenarnos y prepararnos para un trabajo en su reino.

Pasó por esa plaza todo el día y siempre encontró a otros sin trabajo:

1. A las nueve, contrató a algunos para trabajar para "*lo que sea justo*".
2. Al mediodía, lo mismo.

3. A las tres, lo mismo.
4. Otros esperaron todo el día, y a las cinco todavía estaban desocupados. También los envía a su viñedo.

La paga justa para un obrero en el viñedo

[8]»Al atardecer, el dueño del viñedo le ordenó a su capataz: "Llama a los obreros y págales su jornal, comenzando por los últimos contratados hasta llegar a los primeros".

El dueño tiene capataces; ahora se les ordena pagar a los obreros, comenzando por los últimos. Ellos hacen exactamente lo que les indica que hagan, y hay una sorpresa y una bendición para los últimos obreros:

[9]Se presentaron los obreros que habían sido contratados cerca de las cinco de la tarde, y cada uno recibió la paga de un día.

Solo trabajaron durante una hora, pero recibieron la paga de un día. Y así fue para los demás que el dueño contrató durante el día: todos recibieron la paga de un día.

[10]Por eso cuando llegaron los que fueron contratados primero, esperaban que recibirían más. Pero cada uno de ellos recibió también la paga de un día.

Este propietario no funciona conforme a las leyes laborales de ningún país en la actualidad. Claro que aquellos que trabajan todo el día esperan más; no sería justo trabajar más y no recibir más, pero ellos también reciben lo mismo. ¡Huelga! ¡Protesta! Y sabiendo esto, ¿por qué trabajar todo el día? Es mejor aparecer en la plaza a las cinco, trabajar una hora y recibir la paga de un día.

[11]Al recibirla, comenzaron a murmurar contra el propietario. [12] "Estos que fueron los últimos en ser contratados trabajaron una

sola hora —dijeron—, y usted los ha tratado como a nosotros que hemos soportado el peso del trabajo y el calor del día".

Su queja parece muy justificada. Me recuerda al hermano mayor del hijo pródigo (Lucas 15:28-30). Él siempre trabajó e hizo lo mejor por su padre, y nunca recibió nada especial. Su hermano, que desperdició su herencia, vuelve a casa para una gran celebración.

Nosotros esperamos recibir el pago conforme con el trabajo realizado. ¿Qué harías tú? ¿Por qué crees que el dueño no les pagó más?

[13] *Pero él le contestó a uno de ellos: "Amigo, no estoy cometiendo ninguna injusticia contigo. ¿Acaso no aceptaste trabajar por esa paga?* [14] *Tómala y vete. Quiero darle al último obrero contratado lo mismo que te di a ti.* [15] *¿Es que no tengo derecho a hacer lo que quiera con mi dinero? ¿O te da envidia de que yo sea generoso?"*

El dueño no los engañó; ellos aceptaron la paga (de un día) que el dueño propuso. Él es el dueño. Él es Dios. Él es generoso. ¡Gloria a Dios por la bendición que muchos reciben a consecuencia de su generosidad! Es su dinero, su reino y su viñedo. Él tiene todo el derecho de hacer lo que quiera. No obliga a nadie a trabajar en su reino, pero una vez que respondemos a su llamado y empezamos a trabajar, tenemos que someternos a sus normas.

La economía del reino

[16] *»Así que los últimos serán primeros, y los primeros, últimos».*

La economía del reino no se conforma con las leyes y costumbres que tenemos hoy. Como vimos en el segundo libro de esta serie (El ADN del Reino), todo está al revés en el reino, y a menudo no es lo que nosotros consideraríamos justo.

¿Quieres trabajar para Dios? ¿Estás listo para aceptar sus prioridades? ¿Sabes cuál es la paga? ¿Cómo te sentirías en estas situaciones?

- Alguien sin educación llega a tu iglesia, sale de la prisión después de pagar su deuda por un crimen horrible, y recibe un puesto, la misma paga que tú recibes y la oficina que tú siempre anhelaste.

- Tú siempre has servido fielmente a Dios, has estudiado y has hecho todo bien, pero alguien nuevo en el Señor recibe la promoción.

- Tú has sacrificado mucho para ir a un campo misionero muy difícil y nadie reconoce tu trabajo, mientras que un amigo pastorea una iglesia muy cómoda y rica y tiene una presencia conocida en Internet.

Tenemos que guardarnos de la envidia. Dios puede promover a alguien más joven con menos experiencia. Compararte con otros siempre es peligroso. Dios tiene un trato, un llamado y un pago para cada persona. Lo importante es tu relación con Dios, el entendimiento de lo que Él quiere para ti y tu fidelidad al servirle. Lo que sucede con otro hermano es entre él y su Señor; no tiene nada que ver contigo. Si ves que alguien recibe algo hermoso de la mano generosa del Señor, ¡gloria a Dios! Regocíjate en su bendición.

¿Cómo puedes aplicar esta generosidad y justicia de Dios en tu situación? ¿Les das preferencia a los "primeros"? ¿Es hora de dar más a los "últimos"? ¿Te consideras entre los últimos o los primeros? ¿Podría tu iglesia hacer lo que hizo el dueño aquí como un ministerio y salir a las calles para encontrar gente desempleada que quiera trabajar?

¿Cuál es tu motivo para trabajar? En esta parábola, los obreros no tenían una relación con el dueño. Solo querían ganar algo para comprar comida para su familia. Si tu motivo para servir a Dios es el reconocimiento de otros, el dinero o alguna recompensa de Dios, puedes sentirte desilusionado. Pero si tienes la mentalidad de un siervo, amas a tu maestro y quieres hacerlo con excelencia porque Él ha hecho tanto por ti, puedes ser muy útil en las manos del Señor.

¿Cumples tu palabra? Mateo 21:28-46

28 »¿Qué les parece? —continuó Jesús—. Había un hombre que tenía dos hijos. Se dirigió al primero y le pidió: "Hijo, ve a trabajar hoy en el viñedo". 29 "No quiero", contestó, pero después se arrepintió y fue. 30 Luego el padre se dirigió al otro hijo y le pidió lo mismo. Este contestó: "Sí, señor"; pero no fue. 31 ¿Cuál de los dos hizo lo que su padre quería?»

—El primero —contestaron ellos.

El contexto de la parábola es el templo; Jesús está hablando con los principales sacerdotes y los ancianos del pueblo. Quieren saber dónde recibió su autoridad para hacer lo que hace. Les quedó claro que Jesús los condena y su apariencia de religiosidad e hipocresía.

Los hijos en esta parábola podrían ser como:

- Tus niños.
- Un hermano en tu familia.
- Gente en la iglesia que habla sobre todo lo que hará, pero no cumple su palabra.

El primero fue honesto. No quiso trabajar. Este tipo de hombre lucha con su rebelión y le resulta difícil someterse, pero a menudo tiene un buen corazón y luego se arrepiente y obedece.

A veces estamos muy dispuestos a hacer compromisos (como Pedro cuando dijo que moriría con Cristo). Tenemos miedo de decirle a alguien con autoridad que no queremos hacer algo. Queremos mantener una buena apariencia. En algunas culturas, es muy difícil decir "no". Siempre quieren parecer buenos cristianos, dispuestos a servir, pero se entiende que probablemente no van a cumplir su palabra.

Muchos cristianos saben todas las palabras para decir que parecen buenos cristianos. En la iglesia, siempre pasan al frente y dicen "amén" al llamado a hacer algo por el Señor, pero no cumplen lo que dijeron.

Jesús les dijo: —Les aseguro que los recaudadores de impuestos y las prostitutas van delante de ustedes hacia el reino de Dios.[32] Porque Juan fue enviado a ustedes a señalarles el camino de la justicia, y no le creyeron, pero los recaudadores de impuestos y las prostitutas sí le creyeron. E incluso después de ver esto, ustedes no se arrepintieron para creerle.

La audiencia de Jesús estaba muy confiada en tener una posición exaltada en el reino. Ellos tienen la apariencia de piedad, pero son muy selectivos en su obediencia a la palabra de Dios. Otra vez, nosotros a menudo tenemos las cosas al revés. Despreciamos a los "pecadores" y elogiamos a la gente religiosa. Estos sacerdotes y ancianos nunca aceptaron a Juan el Bautista, quien no era uno de ellos y quebrantó todas sus normas de un ministro. Hoy serían los adictos, los reclusos y otra gente con mala reputación quienes se arrepienten de corazón.

Si esa parábola no fue suficiente para condenar a la gente religiosa, Jesús tiene una aún más fuerte.

Otro viñedo, otros labradores y otro viaje dejándolos a cargo

33 »*Escuchen otra parábola: Había un propietario que plantó un viñedo. Lo cercó, cavó un lagar y construyó una torre de vigilancia. Luego arrendó el viñedo a unos labradores y se fue de viaje.* **34** *Cuando se acercó el tiempo de la cosecha, mandó sus siervos a los labradores para recibir de estos lo que le correspondía.* **35** *Los labradores agarraron a esos siervos; golpearon a uno, mataron a otro y apedrearon a un tercero.* **36** *Después les mandó otros siervos, en mayor número que la primera vez, y también los maltrataron.*

Los siervos que el propietario envió son los profetas y otros siervos del Señor en el Antiguo Testamento. Pacientemente, el propietario dio la oportunidad a estos labradores, pero no honran al propietario ni a sus siervos.

37 »*Por último, les mandó a su propio hijo, pensando: "¡A mi hijo sí lo respetarán!"* **38** *Pero, cuando los labradores vieron al hijo, se dijeron unos a otros: "Este es el heredero. Matémoslo, para quedarnos con su herencia".* **39** *Así que le echaron mano, lo arrojaron fuera del viñedo y lo mataron.*

¿Sabían los sacerdotes y ancianos que Jesús estaba hablando de sí mismo? Posiblemente. Si no honran a los profetas, mucho menos honrarán al Hijo de Dios.

Lo que enfurece a Dios es la posibilidad de que un pastor o apóstol pueda estar tan orgulloso que ya crea que una iglesia es suya. Ya no hay lugar para el Hijo de Dios. No quieren someterse a Él ni arrepentirse. Quieren mantener su imperio religioso y expulsar a Jesús.

⁴⁰*»Ahora bien, cuando vuelva el dueño, ¿qué hará con esos labradores?»*

⁴¹*—Hará que esos malvados tengan un fin miserable — respondieron—, y arrendará el viñedo a otros labradores que le den lo que le corresponde cuando llegue el tiempo de la cosecha.*

Jesús me impresiona mucho con su manera de dejar que otros se condenen a sí mismos, porque esos sacerdotes están profetizando exactamente lo que sucedió: los judíos perdieron su reino y Dios lo dio a la iglesia.

⁴²*Les dijo Jesús: —¿No han leído nunca en las Escrituras:*

»"La piedra que desecharon los constructores ha llegado a ser la piedra angular; esto es obra del Señor, y nos deja maravillados"?

⁴³*»Por eso les digo que el reino de Dios se les quitará a ustedes y se le entregará a un pueblo que produzca los frutos del reino.* ⁴⁴ *El que caiga sobre esta piedra quedará despedazado y, si ella cae sobre alguien, lo hará polvo».*

Ahora Jesús claramente los declara culpables. Dios está buscando un pueblo que produzca los frutos del reino. Si no crees que lo mismo puede pasar con una iglesia hoy, lee nuevamente Apocalipsis 2 y 3, y las cartas a las siete iglesias. Por ejemplo, lo que Jesús dijo a la iglesia en Éfeso:

Sin embargo, tengo en tu contra que has abandonado tu primer amor. ¡Recuerda de dónde has caído! Arrepiéntete y vuelve a practicar las obras que hacías al principio. Si no te arrepientes, iré y quitaré de su lugar tu candelabro (Apocalipsis 2:4-5).

Jesús tiene que ser la piedra angular de cada ministerio. Tenemos que darle a Cristo su lugar en cada obra del reino. No hay excepción de personas con Dios. Si una iglesia no produce los frutos del reino, Dios buscará a otros que sean serios.

45 Cuando los jefes de los sacerdotes y los fariseos oyeron las parábolas de Jesús, se dieron cuenta de que hablaba de ellos. 46 Buscaban la manera de arrestarlo, pero temían a la gente porque esta lo consideraba un profeta.

Aquellos que están involucrados en la religión y edifican sus propios imperios religiosos reaccionarán fuertemente al mensaje del reino. Puede incluir a la iglesia establecida actual.

¿Necesitas más tiempo?

Hay otra parábola sobre un viñedo, muy corta, pero con un mensaje que coincide con muchas otras enseñanzas de Jesús.

Entonces les contó esta parábola: «Un hombre tenía una higuera plantada en su viñedo, pero, cuando fue a buscar fruto en ella, no encontró nada. Así que le dijo al viñador: "Mira, ya hace tres años que vengo a buscar fruto en esta higuera, y no he encontrado nada. ¡Córtala! ¿Para qué ha de ocupar terreno?" "Señor —le contestó el viñador—, déjela todavía por un año más, para que yo pueda cavar a su alrededor y echarle abono. Así tal vez en adelante dé fruto; si no, córtela"» (Lucas 13:6-9).

Dios es muy paciente. Él entiende el tiempo requerido para crecer y prepararse para ser fructífero en su reino, pero la clara expectativa es que cada creyente vaya a dar fruto. Si no, solo está ocupando "terreno" en los bancos de alguna iglesia. Posiblemente sea hora de que los líderes de la iglesia tomen en serio la posibilidad de que Dios corte muchas "higueras" infructuosas y las arroje al fuego. Como este viñador, podemos identificar cuáles son y echarles más abono, algún estímulo para florecer y dar fruto. Si seguimos el plan del Maestro y hacemos discípulos, debe ser obvio cuáles son infructuosos y la razón por la cual.

Ya hemos tenido 2000 años para cumplir la Gran Comisión. Ya hemos visto varias veces la dificultad que Dios tiene para conseguir trabajadores. El problema no es con los "pecadores" ni con la cosecha. La mies es mucha. El problema es con los mismos siervos de Dios. Puede ser que el tiempo sea corto, y Dios ya nos ha dado "un año más", y pronto llegará el momento en que cortará los árboles infructuosos.

13

Después de la caída

Juan 21

Cuando Jesús resucitó de entre los muertos, se le apareció primero a María Magdalena, pero ella no lo reconoció. Algo cambió en la apariencia de Jesús después de su resurrección. Incluso los discípulos más cercanos a Jesús no reconocieron su rostro, aunque podían tocarlo. Podía aparecer y desaparecer, atravesar paredes, pero no era un fantasma; comió y bebió, y todavía tenía las heridas en las manos y en el costado. Él apareció a 500 personas, pero nunca en el templo ni en la sinagoga; estaba en un jardín, un camino, un aposento alto y, ahora, por tercera vez, a los discípulos, en la playa.

¹Después de esto Jesús se apareció de nuevo a sus discípulos, junto al lago de Tiberíades. Sucedió de esta manera: ² Estaban juntos Simón Pedro, Tomás (al que apodaban el Gemelo), Natanael, el de Caná de Galilea, los hijos de Zebedeo, y otros dos discípulos.

Jesús les ordenó que fueran a Galilea (Mateo 28:10), y ellos fueron en obediencia. No sabemos cuántos días han pasado, pero Jesús no vino. Me parece que, después de ver al Señor resucitado, uno tendría fe por el resto de su vida. ¿Cómo podrías dudar? Pero incluso para estos discípulos que pasaron tres años con Jesús, es fácil olvidar los milagros del Señor y caer en la incredulidad. Jesús estaba a punto de ascender a su Padre y dejar a estos discípulos, a quienes había entrenado durante tres años, para establecer la iglesia. Tendrían la Gran Comisión para guiarlos. Pero primero, con el corazón de un pastor, Jesús tuvo que ministrar al líder de esos discípulos. Sin Pedro, el futuro de toda su misión estaría en dudas.

Pedro vuelve a pescar

Sucedió que una noche, siete de los discípulos (incluidos los tres más íntimos con Jesús) estaban juntos, posiblemente en la casa de Simón. Estaban aburridos, cansados de esperar a Jesús y sin ganas de hacer nada. Posiblemente tú hayas pasado una noche así con algunos amigos. No hay nada en la tele. Ya entraron en Facebook y no hay nada nuevo. Han visto demasiados videos en YouTube. No tienen ganas de orar. Es una puerta abierta para el diablo, para tentarnos con algo indebido. Y fue Pedro, el impulsivo, el líder, quien finalmente tuvo una idea:

[3] *Simón Pedro les dijo: Voy a pescar.*

No es pecado pescar. De hecho, la pesca es un buen pasatiempo. Pero varios años atrás, Jesucristo llamó a Pedro y le dijo que ya no iba a pescar peces; de ahora en adelante, pescaría hombres (Lucas 5:10). Pedro dejó sus redes y su barca para seguir a Jesús. Pero ahora nos enteramos de que él guardaba sus redes, posiblemente en una bodega en su casa, y aún tenía su barca. ¿Por qué? Ya no las necesita. Pero, como muchos de nosotros, él quería salvar algo de su vida vieja, por si acaso.

¿Hay algo que tú tienes guardado? Puede ser algo que te ataba, algo inocente o simplemente algo en tu mente, pero es peligroso. Cristo nos llama a dejar todo para seguirlo. Es demasiado fácil volver a las redes y a la barca del pasado en un momento de desánimo y debilidad.

¿Eres un líder o un seguidor?

Es aún más peligroso si tú eres una persona de influencia: un pastor, un padre de familia o, en este caso, el líder de los discípulos. Tu pecado puede hacer que muchos tropiecen. He conocido a demasiados presos con mucha culpa porque otros murieron o fueron encarcelados bajo su influencia.

Ellos le dijeron: Vamos nosotros también contigo.

También puede ser que tú seas un seguidor. Es demasiado fácil influenciarte. No tienes la fuerza para pararte y resistir al otro hombre. También he conocido a demasiados internos que eran inocentes, pero fueron encarcelados porque seguían al hombre equivocado.

Salieron, pues, de allí y se embarcaron, pero esa noche no pescaron nada.

Esto es extraño; son pescadores profesionales que conocen muy bien ese mar. Hay noches en las que no pescas mucho, pero ¿para no pescar nada? La verdad es que lo que te sirvió muy bien en el pasado ya no te sirve. No puedes volver a tu vida anterior. Lo que te trajo riquezas y placeres en el pasado ya estará vacío. Terminaron la noche peor que nunca. Ahora están cansados, frustrados y muy desanimados. Nada está funcionando bien. Cuando hacemos las cosas a nuestra manera, sin Jesús, de repente el carro no funciona, la computadora falla y hay problemas en el hogar y en el trabajo.

¿No tienen algo de comer?

⁴Al despuntar el alba Jesús se hizo presente en la orilla, pero los discípulos no se dieron cuenta de que era él.

Qué bueno que Jesús llegue en nuestros momentos más oscuros, pero ellos no se dieron cuenta de que era Jesús. ¿Y por qué no se presentó la noche anterior en la casa para salvarlos de esa noche perdida, el cansancio y la frustración? Podrían haber pasado una hermosa noche de comunión con el Señor, pero a veces tenemos que pasar por esas noches oscuras. Dios nos permite tropezar para revelar nuestro corazón incrédulo y rebelde. Puede ser una prueba de fe. Muchas veces nos cuesta entender el tiempo del Señor. Es fácil pensar que Jesús llega tarde, pero siempre llega justo a tiempo.

¿Podría ser que haya ocasiones en que Jesús se presentó a sí mismo en tu vida, pero tú no sabías quién era Jesús? Puedes estar tan enojado o atrapado en tu pecado que no piensas en el Señor. En este caso, Jesús se presentó al amanecer. Muchas veces, después de una noche sin dormir, Jesús se presenta al amanecer. No pierdas esa bendición. Levántate temprano para esperar al Señor.

⁵Y les dijo: Hijitos, ¿no tienen algo de comer? Le respondieron: No.

Hijitos es una palabra cariñosa que debería llamar la atención de los discípulos. Sería raro que un extraño los llamara hijitos, pero su pregunta es como la sal en una herida. Él sabe que no tienen nada que comer; por eso, Él tiene un rico desayuno preparado para ellos. ¡Qué humillante es confesar que no pescaron nada!

Otra pesca milagrosa

⁶ —Tiren la red a la derecha de la barca, y pescarán algo.

Así lo hicieron, y era tal la cantidad de pescados que ya no podían sacar la red.

¿Hay alguna diferencia entre el lado derecho e izquierdo de la barca? ¡Claro que no! ¿Y cómo puede saber este extraño si habría peces a la derecha? Este mandato podría ser ofensivo para estos pescadores, pero su respuesta puede revelar la humildad que Cristo había engendrado en ellos.

Cuando tiran las redes a la derecha, la transformación es radical. ¡Hay tantos peces que no pueden sacar la red! ¡Jesús quiere llenar tu red! Pero tienes que pescar a su manera, en obediencia a su palabra, y no cuando y cómo tengas las ganas. ¡Pasaron toda una noche de duro trabajo sin nada! Y muchos de nosotros laboramos y gastamos mucha energía y dinero, sin ningún resultado. ¡Qué fácil es cuando hacemos las cosas en obediencia a Jesús! ¡Es mucho mejor esperar su tiempo!

Ésta no es la primera pesca milagrosa (ver Lucas 5:4). Cuando vemos algo tan fuera de lo normal, debería llamar nuestra atención, pero solo Juan tenía los ojos espirituales abiertos:

7 Entonces aquel discípulo a quien Jesús amaba dijo a Pedro: ¡Es el Señor!

Juan reconoció a Jesús, ¡pero no hizo nada! Solo habló con Pedro. Claro que es bueno compartir con otros cuando ves al Señor, pero cuando Jesús se revela a ti, ¡acércate a Él, adóralo y escúchalo!

Simón Pedro, cuando oyó que era el Señor, se ciñó la ropa (porque se había despojado de ella), y se echó al mar.

Simón era el líder de los discípulos. Fue su idea pescar esa noche. Él se sintió muy culpable porque negó a Jesús y no lo reconoció esa mañana. Pero cuando escuchó que era el Señor, solo pudo pensar que tenía que ir a Jesús. Nada más importa.

Jesús quiere presentarse a ti

¿Has caído en pecado? ¿Estás lejos de Jesús? Creo que Él quiere presentarse ante ti ahora mismo. No es por casualidad que estés leyendo este libro. Tal vez aceptaste la mentira de que sería muy difícil volver a los caminos del Señor. Olvida todo eso. Échate al mar y ve a Jesús, porque Él está esperándote.

Ésta no es la primera vez que Pedro se echó al mar para ir a Jesús. Meses atrás, en el mismo mar, los discípulos estaban solos en una barca, en la noche, en una tormenta, y Jesús se les acercó, andando sobre las aguas (Mateo 14:22-33). *Pedro dijo: Señor, si eres tú, manda que yo vaya a ti sobre las aguas. Y él dijo: Ven. Y descendiendo Pedro de la barca, andaba sobre las aguas para ir a Jesús.* Todo estaba bien, pero cuando vio el fuerte viento, tuvo miedo, y empezó a hundirse. Gracias a Dios, Jesús lo rescató, ¡y lo reprendió!: *¡Hombre de poca fe! ¿Por qué dudaste?*

Esta vez Pedro no caminó sobre las aguas, pero todavía quería ir a Jesús. No importa si no tienes la fe para caminar sobre las aguas, échate al mar.

⁸ Los otros discípulos lo siguieron en la barca, arrastrando la red llena de pescados, pues estaban a escasos cien metros de la orilla.

Estaban cerca de la orilla. Solo Pedro, de los siete discípulos, dejó esa pesca para ir a Jesús. Hay pocos que tienen tanto amor por Jesús que dejarían una pesca tan valiosa para estar con el Señor.

Un rico desayuno

⁹ Al desembarcar, vieron unas brasas con un pescado encima, y un pan.

¹⁰*—Traigan algunos de los pescados que acaban de sacar —les dijo Jesús.*

Es demasiado tarde para preparar esos pescados para el desayuno; Jesús ya tenía un pez encima de las brasas, pero tenemos que llevar al Señor lo que Jesús nos da milagrosamente. No es para enriquecernos, sino para usarlo en su servicio y para bendecir a otros.

¹¹*Simón Pedro subió a bordo y arrastró hasta la orilla la red, la cual estaba llena de pescados de buen tamaño. Eran ciento cincuenta y tres, pero a pesar de ser tantos la red no se rompió.*

Otra vez, es Pedro quien toma la iniciativa y obedece al mandato del Señor. Los peces no solo son muchos, sino también grandes, y probablemente ocurrió otro milagro: Juan observa que la red no se rompió. Mira el cuidado que tuvo Juan al escribir este evangelio: alguien contó los peces, y Juan nota el número: 153 peces.

Si Jesús llena tu red, sácala a tierra, a los pies del Señor. Él no quiere perder ni un pez; cada uno es precioso para Él.

¹²*—Vengan a desayunar —les dijo Jesús.*

Ninguno de los discípulos se atrevía a preguntarle: «¿Quién eres tú?», porque sabían que era el Señor.

Qué extraño, después de tanta intimidad durante tres años, que ahora nadie se atrevía a decir nada. Ahora todos saben que es Jesús, pero no lo abrazan y no dicen nada.

¹³*Jesús se acercó, tomó el pan y se lo dio a ellos, e hizo lo mismo con el pescado.*

Jesús lo hizo por las multitudes. Esos mismos discípulos repartieron pan y pescado que Jesús multiplicó para miles de personas. Hace solo unos días, Jesús les dio pan y vino, símbolos de su cuerpo quebrantado y sangre derramada. ¡Qué rico es recibir alimento de la mano del Señor!

¹⁴*Esta fue la tercera vez que Jesús se apareció a sus discípulos después de haber resucitado.*

Posiblemente comieron en silencio. Estoy seguro de que este era el pan y el pescado más ricos que ellos hayan comido jamás. Qué hermoso tener esa comunión, temprano por la mañana, al amanecer, en la playa, con un rico desayuno. Jesús se deleita en bendecirnos y fue un gran placer para Él preparar esta comida. Pero, como en muchas ocasiones, Jesús tenía un propósito más profundo.

La restauración de Pedro

¿Necesitas restauración de la mano de Jesús? Puede ser que su Espíritu toque tu corazón endurecido ahora mismo, para hablarte, desafiarte y restaurarte.

¹⁵ *Cuando terminaron de desayunar, Jesús le preguntó a Simón Pedro: —Simón, hijo de Juan, ¿me amas más que estos?*

—Sí, Señor, tú sabes que te quiero —contestó Pedro.

—Apacienta mis corderos —le dijo Jesús.

Finalmente Jesús rompe el silencio. No sabemos si Jesús lo llevó a un lado o si estaba con los demás discípulos. Jesús tiene una pregunta para Pedro. Él usa la palabra griega *ágape* para preguntarle si realmente ama a Jesús con un amor incondicional, el amor que solo Dios puede darnos. Y no se trata sólo de si Pedro ama a Jesús, sino de si lo ama más que los otros discípulos. ¿Por qué Jesús le pregunta eso? Tal vez porque Pedro dijo que iría a la muerte por Jesús (Juan 13:37). Él estaba muy seguro de sí mismo. Es un riesgo del liderazgo: presumir y pensar que eres superior a otros.

Pedro respondió con la palabra griega para el amor entre hermanos: *fileo*. Jesús no dice nada acerca de su falta de amor *ágape*; Jesús nos acepta dondequiera que estemos. Aun con ese amor, Jesús puede usar a Pedro: Le comanda que apaciente a sus corderos. Los creyentes (nosotros) somos los corderos de Jesús, pero el Señor ha puesto pastores en su rebaño para apacentarnos. Es una responsabilidad sagrada y pesada.

[16]Y volvió a preguntarle: —Simón, hijo de Juan, ¿me amas?

—Sí, Señor, tú sabes que te quiero.

—Cuida de mis ovejas.

Esta vez, Jesús no le pregunta si ama a Jesús más que a los demás; puede ser que la verdad sea que no tiene un amor mayor que los otros. De nuevo, Jesús usa la palabra *ágape* para el amor, y Pedro responde que tiene un amor *fileo*. Y, por segunda vez, Jesús le dice: si realmente me amas, vas a cuidar a los que creen en mí.

[17]Por tercera vez Jesús le preguntó: —Simón, hijo de Juan, ¿me quieres?

A Pedro le dolió que por tercera vez Jesús le hubiera preguntado: «¿Me quieres?» Así que le dijo: —Señor, tú lo sabes todo; tú sabes que te quiero.

—Apacienta mis ovejas —le dijo Jesús—.

Parece que Pedro no estaba tan triste porque Jesús tuvo que preguntarle tres veces si lo amaba, sino porque ahora Jesús cambió de *ágape* a *filéo*. Está claro que Pedro no tiene un amor *ágape* por Jesús. Es bueno reconocer los límites de nuestro amor, pero también doloroso. Y tú, ¿amas a Jesús con un amor *ágape*? ¿Cómo sabes si lo amas o no? Parece ser la fidelidad de tu servicio al llamado de Dios en tu vida. Para Pedro, era para apacentar a las ovejas del Señor; puede ser evangelizar u otro ministerio para ti. Tu servicio para aquellos que Jesús ama es la prueba de tu amor por Él.

Sígueme tú

¹⁸De veras te aseguro que cuando eras más joven te vestías tú mismo e ibas adonde querías; pero, cuando seas viejo, extenderás las manos y otro te vestirá y te llevará adonde no quieras ir.

¹⁹Esto dijo Jesús para dar a entender la clase de muerte con que Pedro glorificaría a Dios.

El verso 19 explica el significado de esta frase, pero también hay una enseñanza importante acerca de la juventud y la vejez. El joven confiado e independiente hace lo que quiere y puede cuidarse bien. Se supone que con la madurez tenemos más control, pero cuando entregamos nuestras vidas a Jesús, le damos el control de la vida a Él. Tenemos que humillarnos y someternos a otros. Para muchos, esto es parte de la obra de Dios en sus vidas para quebrantar su orgullo.

²⁰Y dicho esto, añadió: Sígueme.

¿Por qué añadió *"sígueme"*? Pedro estaba luchando con la culpa y muchos sentimientos. Acaba de recibir una palabra dura. Sería fácil sentir temor: "¡No quiero morir así! ¡No quiero perder el control!" Pero lo único verdaderamente importante es seguir a Jesús. ¿Puedes decir que estás siguiendo a Cristo en la vida diaria? ¿Estás poniendo en práctica sus enseñanzas?

²¹Al volverse, Pedro vio que los seguía el discípulo a quien Jesús amaba, el mismo que en la cena se había reclinado sobre Jesús y le había dicho: «Señor, ¿quién es el que va a traicionarte?» *²¹ Al verlo, Pedro preguntó: —Señor, ¿y este, qué?*

Pedro no está satisfecho con simplemente seguir a Jesús. Como muchos de nosotros, a menudo se compara con otros. Posiblemente había competencia entre él y Juan. Es común querer saber qué pasa con otras personas en la iglesia. Facebook fomenta esta competencia; leemos lo que sucede con los amigos, vemos sus lindas fotos y es fácil envidiarlos. Jesús tiene una respuesta muy sencilla para esa tendencia:

²²Jesús le dijo: Si quiero que él quede hasta que yo venga, ¿qué a ti? Sígueme tú.

No te apures por lo que está pasando con tu hermano; Dios tiene planes diferentes para cada persona. Lo único que nosotros tenemos que hacer es ser fieles a Jesús y seguirlo. ¿Cómo te va con seguir a Jesús?

²³Por este motivo corrió entre los hermanos el rumor de que aquel discípulo no moriría. Pero Jesús no dijo que no moriría, sino solamente: «Si quiero que él permanezca vivo hasta que yo vuelva, ¿a ti qué?»

²⁴Este es el discípulo que da testimonio de estas cosas, y las escribió. Y estamos convencidos de que su testimonio es verídico.

²⁵Jesús hizo también muchas otras cosas, tantas que, si se escribiera cada una de ellas, pienso que los libros escritos no cabrían en el mundo entero.

Y así termina el evangelio de San Juan. ¡Qué maravilloso que el discípulo amado, alguien que estaba tan cerca de Jesús, escribió esta historia!

¿Cuál es la Palabra de Dios para ti en este capítulo?

➤ ¿Eres un seguidor, como los demás discípulos esa noche en la casa? Has seguido a tus padres, a tu esposa o a un amigo de la iglesia, y has participado en todas las actividades. Pero, ¿has aceptado a Jesús como tu Señor y Salvador? Tal vez has mirado con envidia a un Pedro que baja de la barca para ir a Jesús, porque no sabes lo que es tener ese amor por el Señor. Jesús está llamándote ahora a entregarle todo y a seguirlo.

➤ ¿Eres un líder, como Pedro? ¿Le has fallado a alguien en tu iglesia o en tu familia? ¿Has pasado por un tiempo de duda y desánimo, como Pedro? Es una gran responsabilidad ser un líder. Ya es tiempo de esforzarte y tomar tu posición para ayudar a otros. Puede que tengas que pedir perdón a alguien.

➤ Puede que le hayas fallado a Jesús; como Pedro, lo negaste. O puedes pensar que es demasiado tarde; no puedes ser útil en las manos de Jesús. Tal como Jesús organizó ese tiempo en la playa para hablar con Pedro, ahora lo ha hecho en esta escritura. Quiere restaurarte. No es demasiado tarde. Es hora de volver a tu llamado y ser fructífero en tu ministerio.

➤ Puedes sentirte tentado a volver a tus redes y a tu barca, a tu vida vieja. O ya has vuelto a ella y no has pescado nada. Estás frustrado y enojado. Nada está funcionando bien. No puedes volver a tu vida vieja. Deja esas cosas y vuelve al Señor.

➢ Puedes estar trabajando duro y estar cansado. Crees que estás trabajando para el Señor, pero lo estás haciendo a tu manera. Tienes que esperar una palabra de Jesús y hacer las cosas a su manera. Él quiere llenar tus redes. Tiene peces grandes y muchos, y quiere bendecir tu red para que no se rompa, pero tienes que pescar conforme a su palabra.

➢ La pregunta del Señor para ti puede ser: "¿Me amas?" ¿Tienes un amor *ágape* por Jesús o un amor *fileo*? Si amas a Jesús, ¿estás cuidando a sus ovejas o sirviendo fielmente en el llamado que Él tiene para ti?

➢ ¿Estás preocupado con el caminar de otro hermano? ¿Tal vez en competencia con él? Jesús te dice: "¿Qué a ti?" Jesús te llama: "Sígueme." Ya es tiempo de volver a la sencillez del principio y caminar cerca de Jesús. Este no es un tiempo para liderar, sino para seguir.

➢ Puede que estés cansado. Necesitas alimento espiritual. Tal como Jesús preparó ese desayuno rico para los discípulos, Él quiere alimentarte con su Palabra y su Espíritu. Tómate un tiempo para descansar y cenar o desayunar con Jesús. Él quiere llenarte y bendecirte.

Estos discípulos habían experimentado la bendición incomparable de pasar tres años de comunión íntima con Jesús. Habían visto al Señor resucitado. Pero podrían olvidar todo eso tan rápido y volver a su vida anterior. Hemos hablado en este libro del gran trabajo que Cristo ha entregado a nosotros; de la posibilidad y la necesidad de cumplir su Gran Comisión. Puede ser que te hayas distraído por muchas cosas y quieras volver a la vida tranquila de la pesca, a una vida normal. No puedes. Cristo te ha hablado en este libro y te llama a levantarte y trabajar. Él te llama a hacer discípulos. Te está esperando en la "playa" y quiere amarte y restaurarte. ¿Vas a obedecer su mandato?

14

Tres advertencias alarmantes

Mateo 7:13-27

El Sermón del Monte contiene la enseñanza más extensa y rica de Jesucristo acerca de la vida de sus discípulos, incluyendo las Bienaventuranzas, el Padre Nuestro y la Regla de Oro. Comienza con lo básico: Bienaventurados los pobres de espíritu, bienaventurados los que lloran. Pero durante el sermón, Jesús va más y más profundo; al final, es obvio que la vida cristiana no es para la persona floja ni para aquellos que buscan a Dios solo por sus bendiciones. Y es aquí donde Jesús dirige sus palabras a los líderes, volviendo a cómo entrar en el reino. Estos versos sirven como una introducción a tres fuertes advertencias al final del Sermón.

13 »Entren por la puerta estrecha. Porque es ancha la puerta y espacioso el camino que conduce a la destrucción, y muchos entran por ella. 14 Pero estrecha es la puerta y angosto el camino que conduce a la vida, y son pocos los que la encuentran.

Solo hay dos opciones en esta vida, dos puertas. La puerta ancha es muy obvia. En esa puerta hay mujeres hermosas, muchas luces y letreros que anuncian todos los placeres del mundo. Por naturaleza, la mayoría entra por la puerta ancha, sin darse cuenta de la otra opción.

Pocos encuentran la puerta estrecha. Hay poco atractivo para llamar la atención sobre esta puerta. Las personas que entran allí llevan muy pocas cosas consigo. Tienen que dejar atrás casi todas sus pertenencias. Son personas humildes. No están vestidos a la última moda.

¿Has entrado por la puerta estrecha? ¿Cómo entras?

- Ríndete radicalmente al señorío de Jesucristo. Él tiene que ser tu Maestro y Rey. Él manda. Él es tu dueño.

- Arrepiéntete genuinamente, con un corazón quebrantado por la forma en que has lastimado a tus seres queridos y el corazón de un Dios que te ama tanto. Eso incluye el reconocimiento pleno de que tú eres un pecador, y sin Cristo y su poder no hay esperanza para ti. Puede ser que muchas veces ya hayas intentado cambiar por tu propia fuerza y ser una mejor persona, dejando tus malos hábitos. Ya sabes que no puedes y lo confiesas abiertamente. Ahora, con la ayuda de Dios, estás decidido a renunciar a tus excusas y no volver a pecar.

- Crucifica la carne, el viejo hombre. La puerta estrecha es la entrada al camino hacia la cruz. Naces de nuevo cuando entras por esa puerta con un corazón sincero. Eres una criatura nueva, un hombre nuevo. Todo lo viejo está sepultado (simbólicamente en las aguas del bautismo) y te levantas hacia una vida completamente nueva.

- Jesús dijo: *"Yo soy la puerta"* (Juan 10:9). La entrada es a través de una relación con una persona, Jesucristo.

Si tú eres un pastor y has predicado lo fácil que es ser salvo y entrar en una vida nueva, puedes estar engañando a tu gente, y posiblemente a ti mismo. Si crees que al pasar por la puerta estrecha entras en una vida de bendición y prosperidad, Cristo tiene una sorpresa: una vez que entras por esa puerta, un camino angosto te espera. No es fácil. Sin el poder del Espíritu Santo, es casi imposible recorrerlo.

Jesús también dijo: *"Yo soy el camino"* (Juan 14:6). El camino no es una vía, sino una persona, y solo ese camino conduce a la vida. Caminar por el camino angosto es caminar unido a Cristo. Andar en la voluntad de Dios, pero eso no siempre garantiza una vida sin problemas. La verdad es que muchos de los que toman la decisión de entrar por la puerta estrecha se dan la vuelta y regresan por el camino espacioso. Esa es la única otra opción, pero lo que no es obvio es que ese camino conduce a la perdición. ¿En cuál andas?

Hay tres peligros mortales en el camino angosto que sirven para hacer tropezar a muchas personas y devolverlas al camino ancho que conduce a la destrucción.

1: Falsos profetas

¹⁵ »Cuídense de los falsos profetas. Vienen a ustedes disfrazados de ovejas, pero por dentro son lobos feroces. ¹⁶ Por sus frutos los conocerán. ¿Acaso se recogen uvas de los espinos, o higos de los cardos? ¹⁷ Del mismo modo, todo árbol bueno da fruto bueno, pero el árbol malo da fruto malo. ¹⁸ Un árbol bueno no puede dar fruto malo, y un árbol malo no puede dar fruto bueno. ¹⁹ Todo árbol que no da buen fruto se corta y se arroja al fuego. ²⁰ Así que por sus frutos los conocerán.

El peligro

A lo largo del Antiguo Testamento, siempre hubo falsos profetas junto con los verdaderos siervos del Señor. Cristo nos advirtió que en los días postreros habría aún más falsos profetas (Mateo 24:11), y yo creo que la iglesia ya está llena de ellos. Es responsabilidad de cada pastor identificarlos y proteger a sus rebaños de ellos. Por eso es tan importante ser parte de una iglesia sana, pero aquí Cristo también llama a cada creyente a ser cauteloso con ellos. No es fácil. Satanás siempre se ha disfrazado muy bien. Ellos no vienen a la iglesia como lobos, sino como ovejas. Traen las palabras que tu carne quiere escuchar. Es muy fácil ser engañado, pero Cristo nos da la respuesta a este peligro.

El remedio

Examina sus frutos. Pueden hablar palabras muy elocuentes y espirituales. Pueden citar la Biblia. Todas las apariencias pueden ser muy hermosas, pero mira más allá de esas apariencias. Despiértate. Cristo dice que muchos de ellos son lobos.

¿Cuáles son los frutos que Cristo espera de sus siervos?

- Vidas transformadas. Aquellos que reciben palabras del profeta y son parte de su ministerio deben demostrar el carácter de Jesucristo y andar cada vez más en santidad.
- Los frutos del Espíritu Santo (Gálatas 5:22-23) deben ser evidentes en ellos y en sus seguidores.
- Deben glorificar a Jesús y dirigir la atención a Él.
- Su vida familiar y personal debe reflejar el amor y la presencia de Jesús.

Es muy difícil saber cómo es el fruto de un profeta que ministra en Internet o por televisión, o un profeta que viene a visitar tu iglesia (es responsabilidad del pastor analizar cuidadosamente sus frutos). Hay veces en que el fruto de un árbol puede parecer bueno, pero cuando lo pruebas, está lleno de gusanos o está podrido. No todo lo que parece ser buena fruta es realmente buena.

Estas son algunas "frutas" que pueden indicar problemas y que requieren mucha atención de tu parte; frutas que en sí mismas pueden ser buenas, pero no necesariamente acreditan a un profeta como enviado por Dios:

- Predicciones de cosas que van a suceder y que nunca suceden.
- Muchas solicitudes de ofrendas y énfasis en el dinero; en el peor de los casos, la venta de profecías personales.
- Un estilo de vida extravagante.
- Frutos de la carne (Gálatas 5:19-21).
- Palabras que suenan bien pero no coinciden con la Biblia; poca referencia a la Biblia, o versículos sacados de contexto.
- Problemas familiares, incluidos divorcios e hijos rebeldes.
- Pecado sexual.
- Iglesias divididas y vidas destruidas como resultado de su "ministerio".
- Páginas lindas en Internet, llenas de mensajes supuestamente recibidos de Dios.
- Programas en la televisión y apariciones en programas de ministros conocidos.
- Una gran cantidad de ventas de libros y otros recursos.

Obviamente, no condenamos a alguien simplemente porque tiene una página linda en Internet, pero los frutos buenos deben predominar. Tampoco estamos cazando falsos profetas. Somos humanos, y todos tenemos nuestras debilidades. No hay ningún profeta ni pastor perfecto, ni hay una iglesia ni familias perfecta. Si el hijo de un profeta cae en algún pecado, no necesariamente descalifica a ese profeta.

La necesidad de una vida fructífera

Jesús incluye aquí algo que se aplica a cada cristiano. El discípulo de Cristo tiene que ser fructífero:

>*»Yo soy la vid verdadera, y mi Padre es el labrador. Toda rama que en mí no da fruto, la corta; pero toda rama que da fruto la poda para que dé más fruto todavía. Ustedes ya están limpios por la palabra que les he comunicado. Permanezcan en mí, y yo permaneceré en ustedes. Así como ninguna rama puede dar fruto por sí misma, sino que tiene que permanecer en la vid, así tampoco ustedes pueden dar fruto si no permanecen en mí. Yo soy la vid y ustedes son las ramas. El que permanece en mí, como yo en él, dará mucho fruto; separados de mí no pueden ustedes hacer nada. El que no permanece en mí es desechado y se seca, como las ramas que se recogen, se arrojan al fuego y se queman* (Juan 15:1-6).

El cristiano que no lleva buen fruto es inútil en el reino de Dios. Se corta, se echa al fuego y termina en el infierno. ¿Cómo son los frutos de tu vida? ¿Qué notan otros acerca de ti como resultado de tu influencia en tu hogar, trabajo e iglesia? ¿Estás permaneciendo en Jesús? Cristo nos promete que si permanecemos en Él, vamos a dar mucho buen fruto.

2: Ministros engañados

El segundo peligro es muy alarmante: la posibilidad de engañarte a ti mismo y creer que estás haciendo la voluntad de

Dios y que estás caminando por el camino estrecho. Presentas todas las apariencias de un buen cristiano y ministro. Puede ser que no haya pecado obvio en tu vida, y todo lo que dices suena genial. ²¹ *»No todo el que me dice: "Señor, Señor", entrará en el reino de los cielos, sino solo el que hace la voluntad de mi Padre que está en el cielo. ²² Muchos me dirán en ese día: "Señor, Señor, ¿no profetizamos en tu nombre, y en tu nombre expulsamos demonios y hicimos muchos milagros?" ²³ Entonces les diré claramente: "Jamás los conocí. ¡Aléjense de mí, hacedores de maldad!"*

El peligro

En cada caso, las apariencias son muy engañosas. ¡No confíes en tus ojos! ¡Sin discernimiento espiritual, será muy fácil ser engañado!

En este caso, todo se ve muy bien:

- Él llama a Jesús "Señor". Realmente cree que Jesús es su Señor. Puede tener muchos años en la iglesia. Por supuesto, confesar a Jesús como "Señor" es muy importante, pero pueden ser meras palabras; tienen que ser confirmadas por las acciones.

- Profetizan en el nombre de Jesús. Pueden creer que realmente están trayendo palabras proféticas del Señor.

- Expulsan a los demonios. Pueden tener ministerios de liberación y puede haber gente liberada.

- Hacen milagros; de hecho, muchos. Pueden tener campañas y programas en televisión y ser conocidos como hacedores de milagros.

Jesús dice que, al igual que la mayoría de los que andan por el camino ancho, habrá muchos que caerán en esta decepción.

Todas sus vidas hacen sus obras religiosas y se presentan ante Jesús y el trono de juicio, confiados en que van a recibir una recompensa muy linda. Están totalmente sorprendidos cuando Jesús los condena. No se trata de cometer ningún pecado obvio que pueda costarles su recompensa o posición en el cielo; Jesús dice que nunca los conoció. Todos esos años fueron engañados, ministrando en el nombre de Jesús, creyéndose grandes ministros del Señor. Pero nunca conocieron a Jesús. Nunca entraron por la puerta estrecha. Siempre andaban por el camino ancho. Además, ¡Jesús dice que son hacedores de maldad! ¡Son enviados al infierno!

¿Cómo pueden ser tan engañados? ¿Qué pecado cometieron? Su vida no fue sometida a Jesús. Lo que hicieron (que puede ser bastante bueno en sí mismo) no fue lo que Dios tenía para ellos. Hacían todo a su manera. Nunca se les enseñó que para ser salvo uno tiene que hacer la voluntad de Dios; no es una cuestión de palabras, acciones religiosas o incluso buenas obras para bendecir a otras personas.

El remedio

El remedio es muy sencillo: hacer la voluntad de Dios. Tener reverencia y temor de Dios para hacer las cosas a su manera. Profetizar en el nombre de Jesús, expulsar demonios y hacer milagros son cosas muy santas. No es un espectáculo ni un juego para ser tomado a la ligera. Siempre examínate y espera a que el Señor te confirme algo que quieres hacer en su nombre. Ser parte de una iglesia sana y someter tu ministerio a otro siervo de Dios es importante para protegerte.

¿Estás seguro de que estás haciendo la voluntad del Padre? ¿Hay algo que tengas que someter a Él? ¿Algo que tienes que abandonar porque tienes dudas sobre si es su voluntad?

3: Una casa sobre la roca

El último caso también puede ser muy engañoso. Las dos personas están en la iglesia, escuchan la palabra de Jesús y construyen casas. Durante mucho tiempo, las dos casas parecen muy sólidas. Puede ser que la casa del hombre insensato fuera aún más impresionante que la casa del prudente.

[24] »*Por tanto, todo el que me oye estas palabras y las pone en práctica es como un hombre prudente que construyó su casa sobre la roca.* [25] *Cayeron las lluvias, crecieron los ríos, y soplaron los vientos y azotaron aquella casa; con todo, la casa no se derrumbó porque estaba cimentada sobre la roca.* [26] *Pero todo el que me oye estas palabras y no las pone en práctica es como un hombre insensato que construyó su casa sobre la arena.* [27] *Cayeron las lluvias, crecieron los ríos, soplaron los vientos y azotaron aquella casa. Esta se derrumbó, y grande fue su ruina».*

El peligro

Escuchas la Palabra de Dios y no la pones en práctica. El hombre insensato nunca aprendió la importancia de obedecer y someterse a la voluntad de Dios. Dedicó muchos esfuerzos a la construcción de su casa, pero la construyó a su manera y no prestó atención a las advertencias del peligro de construir en la arena. Puede ser más fácil construir en la arena que trabajar con la roca. Puede ser más atractiva en la playa. Todo puede estar bien por un buen rato. Probablemente la mayoría de la iglesia cree que este hombre es un buen cristiano, pero en la tormenta, en la prueba, no puede soportar la adversidad, y todo colapsa. Su vida se derrumba, y su ruina es grande.

El remedio

Tú eres responsable de todas las palabras que escuchas. Hay gente que pasa todo el día escuchando predicaciones en Internet, en la radio o en la televisión. Tienen mucho conocimiento, pero poca obediencia. Hay que desarrollar el hábito de siempre meditar y orar sobre toda enseñanza bíblica, y tomar las decisiones necesarias para ponerla en práctica.

¿Cómo es tu casa? ¿Tiene un cimiento firme? Otros pueden tener casas muy bonitas, pero pueden construirse en la arena. Puede ser que en esta temporada estés construyendo los cimientos de tu vida en la roca de la Palabra y en Jesucristo. Otros no pueden ver ningún progreso, pero en su tiempo, Dios va a edificar una casa hermosa que permanecerá. ¿Hay vientos fuertes azotando tu casa? Puede ser por la misericordia de Dios, para revelar la calidad de tu fundamento y tu obediencia. Puede ser que Él te esté dando la oportunidad de arrepentirte y obedecerle antes de que tu vida, tu familia o tu iglesia se arruinen.

[28] Cuando Jesús terminó de decir estas cosas, las multitudes se asombraron de su enseñanza, [29] porque les enseñaba como quien tenía autoridad, y no como los maestros de la ley.

No es de extrañar que se asombraran: notaron la diferencia con la enseñanza de los maestros de la ley. Esta es la autoridad que necesitamos en la iglesia hoy: alguien que no predica solo para entretener y animar a la gente, sino que entra en las profundidades de la Palabra de Dios.

Cuatro pasos para una vida fructífera

La posibilidad de laborar y edificar una casa (o vida, familia o iglesia) muy bonita, solo para verla en ruinas, es muy alarmante.

Igual la posibilidad de profetizar, expulsar demonios y hacer milagros, y acercarse al trono de juicio con gran expectativa de una recompensa y las palabras "bien hecho, buen siervo y fiel," solo para escuchar que Cristo nunca te conoció y que vas al infierno. Pero no hay razón para alarmarte. Cristo nos da cuatro pasos sencillos para asegurar buenos frutos y una vida agradable al Señor.

- Entrar a la familia de Dios por la puerta estrecha. Toma la decisión de dejar la vida vieja, arrepentirte de todo pecado y someterte al señorío de Jesucristo. Él es la puerta; únete a Jesús.

- Caminar por el camino angosto. Después de pasar por la puerta estrecha, el camino no es fácil. Jesús no te obliga a caminar por el camino angosto. Siempre existe la posibilidad de volver al camino espacioso; siempre puedes ver las luces y todo lo atractivo de ese camino. Habrá muchas tentaciones y pruebas. Fija tus ojos en Jesús, busca a otros hermanos decididos a seguir a Jesús y sigue adelante. Recuerda que Jesús *es* el camino.

- Leer, estudiar y escuchar la Biblia. La fe viene por el oír y el oír por la Palabra de Dios. Con tantas voces en Internet y en la televisión que llaman nuestra atención, es difícil escuchar la voz de Dios en su Palabra. Esa Palabra alumbra tu camino.

- Poner la Palabra en práctica. Es muy peligroso escuchar una gran cantidad de la Palabra sin obedecerla. Dios te ayudará a ponerla en práctica.

Esa obediencia es el fundamento. Si caminas bien, cada día poniendo en práctica la Palabra que escuchas, aprenderás a discernir y hacer la voluntad de Dios. Siempre examínate y espera en el Señor para saber si las cosas que haces para servir a Dios son hechas a tu manera o si son la voluntad del Padre. En nuestro deseo de cumplir la Gran Comisión, no podemos pasar por alto estos peligros. Ahora más que nunca, tenemos que dejar que Jesús guíe nuestros esfuerzos y hacer todo conforme a su voluntad. Hay que mantener la iglesia pura y libre de individualismo, desobediencia y profetas enviados por el maligno. Es muy importante establecer a los discípulos que hacemos sobre estos fundamentos.

Haz estas cosas y podrás descansar en paz. Tendrás una vida fructífera, impactando a muchos y trayendo mucha gloria a tu Dios.

15

El peligro de la hipocresía

Mateo 23

Este es un capítulo muy fuerte. Queremos andar como Jesús anduvo y hacer discípulos sinceros. Él dijo que no deberíamos juzgar a otros, y es un pecado chismear o socavar el ministerio de otros. Pero si vamos a andar como Él, a veces tenemos que exponer la falsa doctrina y la hipocresía. La Biblia nunca nos enseña a tolerar o ignorar el pecado. Por supuesto, este es Jesús hablando aquí; Él es Dios, es perfecto y tiene todo el derecho de juzgar el pecado. Antes de hablar de los demás, tenemos que examinarnos a nosotros mismos:

¿Por qué te fijas en la astilla que tiene tu hermano en el ojo, y no le das importancia a la viga que está en el tuyo? ¿Cómo puedes decirle a tu hermano: "Déjame sacarte la astilla del ojo", cuando ahí tienes una viga en el tuyo? ¡Hipócrita!, saca primero la viga de tu propio ojo, y entonces verás con claridad para sacar la astilla del ojo de tu hermano (Mateo 7:3-5).

Y Pablo dice en Romanos 2:1: *No tienes excusa tú, quienquiera que seas, cuando juzgas a los demás, pues al juzgar a otros te condenas a ti mismo, ya que practicas las mismas cosas.*

Es un equilibrio delicado: por un lado, amar y honrar a otros y a sus ministerios; por otro lado, la responsabilidad de proteger a nuestras familias e iglesias. No queremos ser negativos y centrarnos en el pecado de otros; es mejor dedicar nuestros esfuerzos a proclamar una palabra de fe y edificación, y a exaltar a Jesús. Pero hay ocasiones en que tenemos que decir la verdad. Este capítulo nos permite examinar a nosotros mismos a la luz de la Palabra, para que, con una conciencia limpia, podamos ayudar a otros a evitar estos errores.

Los "ayes" en Lucas

Hay otra ocasión en que Jesús dijo "ayes" parecidos, en Lucas 11:37-54. Un fariseo lo invitó a cenar a su casa, pero Jesús no se lavó las manos antes de comer y el fariseo se ofendió. En ese pasaje, Jesús habló primero a los fariseos, pero también estuvieron presentes los expertos de la ley, y ellos le dijeron: *Maestro, al hablar así nos insultas también a nosotros* (11:45). ¡Entonces Jesús también renunció a ellos! No es sorprendente que, después de renunciar a ellos, estuvieran más en contra de Jesús. Lucas (11:53-54) termina diciendo: *Cuando Jesús salió de allí, los maestros de la ley y los fariseos, resentidos, se pusieron a acosarlo a preguntas. Estaban tendiéndole trampas para ver si fallaba en algo.* A nadie le gusta ser señalado; es fácil hacer enemigos hablando sobre el pecado y la hipocresía, pero eso no molestaba a Jesús.

Practica lo que predicas

[1]Después de esto, Jesús dijo a la gente y a sus discípulos: [2] «Los maestros de la ley y los fariseos tienen la responsabilidad de interpretar a Moisés. [3] Así que ustedes deben obedecerlos y hacer todo lo que les digan. Pero no hagan lo que hacen ellos, porque no practican lo que predican.

Dios ha colocado a personas en su iglesia con el don y el llamado de enseñar la Palabra. Es una gran responsabilidad ante Dios. Mi oración cuando preparo un mensaje siempre es: "Señor, guárdame del error y ayúdame a interpretar correctamente tu Palabra, y nunca guiar mal a una de tus ovejas." Santiago 3:1 es una palabra instructiva: *Hermanos míos, no pretendan ser muchos de ustedes maestros, pues, como saben, seremos juzgados con más severidad.* Si Dios nos ha dado el privilegio de ser maestros, no es para exaltarnos, sino para humillarnos y compartir su Palabra con gran temor de Dios. Si tú eres un maestro en la iglesia, ¿cómo te juzgará Dios? Es muy serio tomar el puesto de maestro. Si eres un líder y ofreces a alguien la oportunidad de enseñar, debes estar seguro de que Dios lo ha llamado.

Jesús nos manda honrar el oficio de pastor o maestro en la iglesia; a pesar de sus deficiencias personales, siempre tienes que escuchar la verdadera Palabra de Dios y poner en práctica lo que dice. El problema fue el testimonio y el ejemplo de estos maestros: no practicaban lo que enseñaban. Hoy en día es fácil engañar a la gente. Puedes predicar una palabra asombrosa en internet, en la televisión o en una megaiglesia. Nadie sabe si estás haciendo lo que enseñas. Por eso, es importante conocer los frutos y el testimonio de un pastor o maestro. ¿Y tú? En tu hogar, en tu trabajo y en tu iglesia, ¿haces lo que dices?

No cargues a otros con cargas que tú no llevas

[4] *Atan cargas pesadas y las ponen sobre la espalda de los demás, pero ellos mismos no están dispuestos a mover ni un dedo para levantarlas.*

Un pastor o maestro puede predicar cosas difíciles en la Palabra con la expectativa de que la iglesia camine conforme a esa palabra, pero no sobrecargues a otros con cosas que tú no estás haciendo o no quieres hacer. Si enseñamos algo, debemos estar listos para ayudar a la gente a ponerlo en práctica y ser honestos con nuestras luchas al respecto.

El peligro de hacer todo por las apariencias

[5] *»Todo lo hacen para que la gente los vea: Usan filacterias grandes y adornan sus ropas con borlas vistosas;* [6] *se mueren por el lugar de honor en los banquetes y los primeros asientos en las sinagogas,* [7] *y porque la gente los salude en las plazas y los llame "Rabí".*

¿Cuál es el motivo de tu corazón? Por supuesto, está bien hacer buenas obras, pero ¿es para honrar y glorificar a Dios, o para que otros te vean como muy espiritual? ¿Es un pecado sentarse en el primer asiento en una cena si alguien te lo ofrece? No, pero otra vez se trata del corazón. ¿Alimenta tu orgullo y te hace sentir importante? ¿Te ofendes si no te ofrecen una silla importante? Jesús nos enseñó a tomar el lugar más bajo y a esperar a ser invitados a otro asiento mejor (Lucas 14:7-14).

¿Es pecado tener una Biblia grande? Claro que no, pero si en secreto quieres impresionar a la gente con el gran gigante de la fe que eres por esas cosas externas, hay un problema. ¿Es tu título muy importante para ti? ¿Te ofendes si alguien no te saluda en la calle como pastor?

¿No llames a nadie "padre"?

[8] *»Pero no permitan que a ustedes se les llame "Rabí", porque tienen un solo Maestro y todos ustedes son hermanos.* [9] *Y no llamen "padre" a nadie en la tierra, porque ustedes tienen un solo Padre, y él está en el cielo.* [10] *Ni permitan que los llamen "maestro", porque tienen un solo Maestro, el Cristo.*

Estos versículos han causado ansiedad en algunos líderes. Parece que Jesús prohíbe el uso de cualquier título. Su énfasis aquí es que todos somos iguales, y está mal elevar a unos hermanos sobre otros. Es difícil cuadrar lo que Cristo dice con la insistencia de muchos de ser llamados pastor, apóstol, profeta o maestro. En la iglesia católica, a los sacerdotes generalmente se llaman "padre". ¿Es un pecado? ¿Es pecado llamar a mi papá "padre"? Creo que no; no tenemos que ser muy rígidos con esto. Debemos discernir el espíritu de lo que Cristo dijo; el único verdadero Maestro que tenemos es Cristo, y el único Padre perfecto está en el cielo.

¿Quién es el más importante?

11 El más importante entre ustedes será siervo de los demás. 12 Porque el que a sí mismo se enaltece será humillado, y el que se humilla será enaltecido.

Siempre es tentador buscar fama y poder. Quieres ser un buen cristiano, un buen pastor o un exitoso maestro de la Palabra, y eso está bien. Pero la tendencia natural del hombre es enorgullecerse: "Soy pastor, he trabajado arduamente y tengo una gran iglesia. Deben reconocerlo y servirme." Pero, ¿por qué estás ministrando? ¿Quieres agradar a Dios o presumir? Tenemos que buscar todas las oportunidades para servir y humillarnos. Confía en Dios para humillarte y exaltarte en su tiempo y a su manera.

¿Hay cosas que estás haciendo para enaltecerte a ti mismo? ¿Qué más puedes hacer para humillarte? ¿Cómo te ha humillado Dios en el pasado cuando tú te enalteciste?

Ahora Jesús empieza la famosa lista de "ays". "Ay" puede traducirse como "¡Qué aflicción les espera!"

Prevenir que otros entren al reino

13 ¡Ay de ustedes, maestros de la ley y fariseos, hipócritas! Les cierran a los demás el reino de los cielos, y ni entran ustedes ni dejan entrar a los que intentan hacerlo.

Jesús no deja dudas: Estos hipócritas no van a entrar en el reino de los cielos. Es triste, pero esa es la decisión que ellos han tomado. Lo que Jesús condena es que desalienten a aquellos que quieren entrar, a aquellos que ya están en ese camino angosto. No solo no entran por la puerta estrecha, sino que se detienen en la puerta y la cierran para que nadie más pueda entrar.

En Lucas, Jesús dice que se han adueñado de la llave del conocimiento, o habían quitado la llave de la ciencia (11:52). Parece que enseñaron deliberadamente algunas cosas, posiblemente con su propia interpretación y para su propio beneficio, e ignoraron las cosas más importantes de la Palabra.

Aprovechar a la gente vulnerable

14 ¡Ay de ustedes, maestros de la ley y fariseos, hipócritas! porque devoran las casas de las viudas, y como pretexto hacen largas oraciones; por esto recibirán mayor condenación.

La viuda y el huérfano están cerca del corazón de Jesús. Son vulnerables, y en lugar de cuidarlos y protegerlos, los escribas y los fariseos los devoraron. Tienen la apariencia de ser muy espirituales, con sus largas oraciones, pero solo son un pretexto para aprovecharse de ellos. La NTV dice: *Estafan descaradamente a las viudas para apoderarse de sus propiedades y luego pretenden ser piadosos, haciendo largas oraciones en público.*

Me hace pensar en las pobres ancianas que escuchan una solicitud de fondos de un ministerio por televisión, y desde el corazón responden y envían lo poco que tienen. No saben que el ministro está comprando un avión o un carro de lujo con ese dinero.

Un evangelismo distorsionado

[15] *»¡Ay de ustedes, maestros de la ley y fariseos, hipócritas! Recorren tierra y mar para ganar un solo adepto, y cuando lo han logrado lo hacen dos veces más merecedor del infierno que ustedes.*

Evangelizan, pero no llevan a esa persona a una relación viva con Dios. En lugar de formarlos en la Palabra de Dios, los guían en su legalismo e hipocresía. Es genial llevar a alguien a los pies de Jesús y es importante discipular a esa persona, pero ¡ten cuidado con el ejemplo que ofreces! No quieres que él siga tus huellas pecaminosas. Esto puede suceder con alguien que sigue más a un apóstol, pastor o doctrina que a Cristo.

Juramentos

[16] *»¡Ay de ustedes, guías ciegos!, que dicen: "Si alguien jura por el templo, no significa nada; pero, si jura por el oro del templo, queda obligado por su juramento".* [17] *¡Ciegos insensatos! ¿Qué es más importante: el oro, o el templo que hace sagrado al oro?* [18] *También dicen ustedes: "Si alguien jura por el altar, no significa nada; pero, si jura por la ofrenda que está sobre él, queda obligado por su juramento".* [19] *¡Ciegos! ¿Qué es más importante: la ofrenda, o el altar que hace sagrada la ofrenda?* [20] *Por tanto, el que jura por el altar jura no solo por el altar, sino por todo lo que está sobre él.* [21] *El que jura por el templo jura no*

solo por el templo, sino por quien habita en él. ²² Y el que jura por el cielo jura por el trono de Dios y por aquel que lo ocupa.

Este es el "ay" más largo. ¡Qué triste ser un guía ciego! No es la primera vez que Jesús los llama *"guías ciegos."* En Mateo 15:1214 Jesús dijo que lo que contamina a una persona no es externo sino interno. Los discípulos le dijeron: *¿Sabes que los fariseos se escandalizaron al oír eso?* Y Jesús les respondió: *Toda planta que mi Padre celestial no haya plantado será arrancada de raíz. Déjenlos; son guías ciegos. Y, si un ciego guía a otro ciego, ambos caerán en un hoyo.*

Es interesante que Jesús dijo *"Déjenlos."* Debemos tener mucho cuidado con el guía que elegimos. Y tú, ¿eres un guía ciego? ¿O estás siguiendo a un ciego? La verdad es que ambos caerán. Cuando Jesús habló de guías ciegos en otra ocasión (Lucas 6:39-40), agregó: *El discípulo no está por encima de su maestro, pero todo el que haya completado su aprendizaje, a lo sumo llega al nivel de su maestro.* Si eres guiado por una persona ciega, solo alcanzarás ese nivel. ¡Jesús también los llama *"necios"* e *"insensatos"*!

Jesús dijo que no debes jurar:

También han oído que se dijo a sus antepasados: "No faltes a tu juramento, sino cumple con tus promesas al Señor". Pero yo les digo: No juren de ningún modo: ni por el cielo, porque es el trono de Dios; ni por la tierra, porque es el estrado de sus pies; ni por Jerusalén, porque es la ciudad del gran Rey. Tampoco jures por tu cabeza, porque no puedes hacer que ni uno solo de tus cabellos se vuelva blanco o negro. Cuando ustedes digan "sí", que sea realmente sí; y, cuando digan "no", que sea no. Cualquier cosa de más, proviene del maligno (Mateo 5:33-37).

Ellos ya estaban equivocados porque jurar era muy importante para ellos. El problema específico aquí es que le dieron más importancia al oro en las ofrendas del templo que a la adoración de Dios.

El peligro de dejar lo más importante

[23] *»¡Ay de ustedes, maestros de la ley y fariseos, hipócritas! Dan la décima parte de sus especias: la menta, el anís y el comino. Pero han descuidado los asuntos más importantes de la ley, tales como la justicia, la misericordia y la fidelidad. Debían haber practicado esto sin descuidar aquello.* [24] *¡Guías ciegos! Cuelan el mosquito, pero se tragan el camello.*

Los escribas y fariseos eran muy fieles con sus diezmos, exactamente el 10%. Y eso está bien, pero estaban orgullosos de su obediencia a esos detalles. ¡Qué fácil es sentirse bien porque se cumplen algunos requisitos legalistas! ¡Y qué difícil es obedecer las cosas más importantes en la Palabra de Dios! Como el amor y, en este caso, la justicia, la misericordia y la fidelidad. En Lucas (11:42), Jesús dijo que descuidan la justicia y el amor de Dios. Esas son cosas del corazón que tienen que ver con la relación con otras personas y con Dios. Qué triste que hay muchos "buenos cristianos" que carecen de misericordia para sus familias o para gente menos afortunada.

La NTV explica mejor el verso 24: *¡Cuelan el agua para no tragarse por accidente un mosquito, pero se tragan un camello!* Es tan fácil lidiar con la obediencia estricta en las cosas pequeñas e ignorar las cosas más importantes.

Es común en algunas iglesias dar mucho énfasis al diezmo. De hecho, el diezmo era un requisito de la ley del Antiguo Testamento. *Todo* le pertenece a Jesús; es fácil sentir que podemos usar el 90% de manera egoísta, cuando debemos entregar todo lo que tenemos a Cristo. Si hablamos mucho sobre el diezmo, deberíamos hablar más sobre las cosas más importantes de la ley.

Limpia primero lo de dentro

[25] *»¡Ay de ustedes, maestros de la ley y fariseos, hipócritas! Limpian el exterior del vaso y del plato, pero por dentro están llenos de robo y de desenfreno.* [26] *¡Fariseo ciego! Limpia primero por dentro el vaso y el plato, y así quedará limpio también por fuera.*

Puede ser un cristiano bien vestido y bien peinado, con una Biblia grande, que ora en voz alta y conoce todas las alabanzas, pero ¿cómo está su corazón? Demasiado a menudo, el corazón es malvado. Los fariseos condenaron a Jesús porque no mantenían todas sus costumbres de lavarse las manos y limpiar los platos. Es la vieja cuestión de las apariencias y nuestra tendencia a evaluar a otros de acuerdo con ellas. Incluso el profeta Samuel cayó en ese error, y Dios tuvo que reprenderlo: *La gente se fija en las apariencias, pero yo me fijo en el corazón* (1 Samuel 16:7).

Varias veces Jesús habló de la importancia de la santidad interior:

¿No se dan cuenta de que todo lo que entra en la boca va al estómago y después se echa en la letrina? Pero lo que sale de la boca viene del corazón y contamina a la persona. Porque del corazón salen los malos pensamientos, los homicidios, los adulterios, la inmoralidad sexual, los robos, los falsos testimonios y las calumnias. Estas son las cosas que contaminan a la persona, y no el comer sin lavarse las manos (Mateo 15:17-20).

Lucas (11:39-41, NTV) nos da otra perspectiva:

Ustedes, los fariseos, son tan cuidadosos para limpiar la parte exterior de la taza y del plato pero están sucios por dentro, ¡llenos de avaricia y de perversidad! ¡Necios! ¿No hizo Dios tanto el interior como el exterior? Por lo tanto, limpien el interior dando de sus bienes a los pobres, y quedarán completamente limpios.

Aquí Jesús señala la avaricia y la perversidad dentro de ellos, que Él pudo ver claramente. Y, en un giro interesante, dice que dar de sus bienes a los pobres limpia el interior.

[27] *»¡Ay de ustedes, maestros de la ley y fariseos, hipócritas!, que son como sepulcros blanqueados. Por fuera lucen hermosos, pero por dentro están llenos de huesos de muertos y de podredumbre.* [28] *Así también ustedes, por fuera dan la impresión de ser justos, pero por dentro están llenos de hipocresía y de maldad.*

Esta es una repetición de la diferencia entre las apariencias externas y lo que hay dentro, pero son palabras muy fuertes. Los llama sepulcros blanqueados, llenos de huesos de muertos.

En Lucas (11:44, NTV) Jesús emplea otra imagen con el mismo sentido: *son como tumbas escondidas en el campo.* Las personas caminan sobre ellas sin saber de la corrupción que están pisando.

¡Serpientes, generación de víboras!

[29] *»¡Ay de ustedes, maestros de la ley y fariseos, hipócritas! Construyen sepulcros para los profetas y adornan los monumentos de los justos.* [30] *Y dicen: "Si hubiéramos vivido nosotros en los días de nuestros antepasados, no habríamos sido cómplices de ellos para derramar la sangre de los profetas".*

31Pero así quedan implicados ustedes al declararse descendientes de los que asesinaron a los profetas. 32 ¡Completen de una vez por todas lo que sus antepasados comenzaron! 33 »¡Serpientes! ¡Camada de víboras! ¿Cómo escaparán ustedes de la condenación del infierno?

Los escribas y fariseos creían que eran mucho mejores que los judíos del pasado que mataron a los profetas. ¡Incluso les construyeron sepulcros y adornaron los monumentos de los justos! Pero otra vez, todo es por apariencias. Jesús dice que tienen el mismo espíritu que sus antepasados y, de hecho, van a matar al Hijo de Dios. Él tiene algunas de sus palabras más fuertes para ellos: son serpientes y generación de víboras. Seguramente van al infierno.

34 Por eso yo les voy a enviar profetas, sabios y maestros. A algunos de ellos ustedes los matarán y crucificarán; a otros los azotarán en sus sinagogas y los perseguirán de pueblo en pueblo. 35 Así recaerá sobre ustedes la culpa de toda la sangre justa que ha sido derramada sobre la tierra, desde la sangre del justo Abel hasta la de Zacarías, hijo de Berequías, a quien ustedes asesinaron entre el santuario y el altar de los sacrificios. 36 Les aseguro que todo esto vendrá sobre esta generación.

Jesús los culpa por todos los justos que fueron perseguidos y murieron. Muchos creen que la destrucción de Jerusalén en el año 70 d.C. fue el cumplimiento de esta profecía.

37 »¡Jerusalén, Jerusalén, que matas a los profetas y apedreas a los que se te envían! ¡Cuántas veces quise reunir a tus hijos, como reúne la gallina a sus pollitos debajo de sus alas, pero no quisiste!38 Pues bien, la casa de ustedes va a quedar abandonada. 39 Y les advierto que ya no volverán a verme hasta que digan: "¡Bendito el que viene en el nombre del Señor!"»

Estas son las palabras de un amante rechazado. Jesús tenía tanto amor y tantas bendiciones para ellos, pero ¡ellos no las querían! Eran muy presuntuosos. Creían que estaban honrando la Palabra de Dios y haciendo todo bien. Eran muy religiosos, pero estaban fallando en las cosas más importantes, ¡especialmente rechazando al Hijo de Dios! No pienses que no podemos caer en la misma presunción. Debemos examinarnos honestamente y arrepentirnos de los errores que Jesús condenó aquí. No queremos ser como estos hipócritas y hacer discípulos destinados al infierno. Primero tenemos que evitar estos errores nosotros mismos y luego formar discípulos que odian la hipocresía y se concentran en cumplir la Gran Comisión.

16

De vuelta a casa

Lucas 4:14-30

E spero que tú ya veas la importancia del trabajo en el reino de Dios y tengas un gran deseo de participar en el cumplimiento de la Gran Comisión. Si todavía no tienes tu primer discípulo, ese sería el siguiente paso. ¡Es una maravilla que el Dios Todopoderoso usara a nosotros para una tarea tan importante! Debe ser una fuente de gran gozo tener esa influencia en la vida de otro creyente. Sin embargo, todavía estamos en este mundo. La mayoría tiene que trabajar para sobrevivir. Tenemos familias y responsabilidades con ellas, y estamos sujetos a enfermedades y envejecimiento. Si Cristo no viene, todos vamos a morir. Terminamos este libro caminando con Jesús de vuelta a su pueblo natal, y luego, al final de su vida, en el camino agonizante a la cruz.

Todos lo admiraban

14Jesús regresó a Galilea en el poder del Espíritu, y se extendió su fama por toda aquella región. 15 Enseñaba en las sinagogas, y todos lo admiraban.

El inicio de su ministerio fue un éxito total; de la noche a la mañana, fue famoso. Las noticias acerca de Él corrieron rápidamente por toda la región, y todo fue positivo; todos lo elogiaron. Estamos un poco después de su bautismo y las tentaciones en el desierto. No sabemos exactamente cuánto tiempo pasó antes de que regresara a Galilea, o si tuvo tiempo de ministrar en Judea (algunos creen que esto sucedió un año después de su bautismo), pero regresó lleno del poder del Espíritu que descendió sobre Él en su bautismo, y fue directamente a las sinagogas. Es lógico ir a la congregación de creyentes que ya tienen conocimiento de la Palabra y deben estar más abiertos a su enseñanza; más tarde, cuando hubo más oposición, casi no fue a las sinagogas a enseñar. Años después, Pablo siguió el ejemplo de su Maestro, siempre empezando en la sinagoga. Jesús no solo trajo una enseñanza con autoridad, ya hizo milagros en Capernaúm. Sabiamente, no fue inmediatamente a Nazaret; dejó que la noticia llegara a ese pueblito para crear una anticipación de su regreso.

[16] Fue a Nazaret, donde se había criado, y un sábado entró en la sinagoga, como era su costumbre.

Sabemos muy poco sobre su vida cotidiana antes de su bautismo, pero aquí aprendemos que era su costumbre ir siempre a la sinagoga los sábados (¡por supuesto!). Probablemente no estaba sentado al frente, sino en los bancos con su familia y los demás fieles. Como cortesía a este hijo que había regresado a casa, se le otorgaron el honor de leer de la Biblia.

Una profecía de Isaías 61 cumplida

Se levantó para hacer la lectura, [17]y le entregaron el libro del profeta Isaías. Al desenrollarlo, encontró el lugar donde está escrito:

[18] «El Espíritu del Señor está sobre mí,
por cuanto me ha ungido   para anunciar
buenas nuevas a los pobres.

Me ha enviado a proclamar libertad a los cautivos
y dar vista a los ciegos,
a poner en libertad a los oprimidos,
[19]a pregonar el año del favor del Señor».

[20]Luego enrolló el libro, se lo devolvió al ayudante y se sentó.
Todos los que estaban en la sinagoga lo miraban
detenidamente, [21] y él comenzó a hablarles: «Hoy se cumple esta
Escritura en presencia de ustedes».

¡Este mensaje es muy corto! ¡A veces eso es mejor! Deja que la Palabra hable por sí misma. En estos pocos versículos (Isaías 61:1-2), Jesús afirma que el Espíritu Santo está sobre Él y que fue ungido para algunos propósitos muy impresionantes:

- Anunciar buenas nuevas a los pobres (pueden ser humildes, pobres en espíritu o pobres económicamente).

- Proclamar la libertad a los cautivos (ya sea aquellos atados en pecado o por un demonio, o aquellos privados de libertad).

- Dar vista a los ciegos (restaurando milagrosamente la visión, o abriendo los ojos de los ciegos espiritualmente).

- Liberar a los oprimidos (ya sean oprimidos por un gobierno, como en el caso del Imperio Romano, oprimidos por las circunstancias de la vida o por el diablo).

- Pregonar el año del favor del Señor (¡Dios los ama y tiene buenas noticias para ellos! ¡Están viviendo un momento muy especial!).

Ya vemos que su ministerio se centra en la gente necesitada y sufriente, que no tiene otra opción. Este no es un ministerio para personas ricas y satisfechas que no son conscientes de un vacío en sus vidas. No es el tipo de mensaje que siempre se daba en la sinagoga a la gente religiosa; está dirigido más a la gente en la calle, pero Jesús espera que quienes están en la sinagoga apoyen este importante ministerio. La triste realidad es que, a menudo, la gente religiosa no quiere tener nada que ver con ese tipo de personas.

Hay varias vocaciones y, por supuesto, Dios envía a algunos a gente rica y religiosa. Tal como Jesús fue primero a la sinagoga, empezamos en la iglesia, pero es posible que algunos de nosotros sigamos esta misma línea de Jesús. Quizás la mayor aceptación no estará en la iglesia, sino con la gente despreciada por el mundo. Hay muchos que están sufriendo y necesitan escuchar que este es un año del favor de Dios. Dios es por ti, no contra ti.

22Todos dieron su aprobación, impresionados por las hermosas palabras que salían de su boca. «¿No es este el hijo de José?», se preguntaban.

Les sorprende que el "hijo de José", el carpintero, pueda hablar con tanta elocuencia. Muchas personas reconocen a un buen predicador y disfrutan de un mensaje alentador. Pueden hablar sobre sus "hermosas palabras" y dar su aprobación, cuando se trata de un ejercicio de palabras y no está dirigido a revelar su pecado y su necesidad.

23Jesús continuó: «Seguramente ustedes me van a citar el proverbio: "¡Médico, cúrate a ti mismo! Haz aquí en tu tierra lo que hemos oído que hiciste en Capernaúm". 24 Pues bien, les aseguro que a ningún profeta lo aceptan en su propia tierra.

No querían aceptar quién era o la palabra que traía. Querían ver los milagros que hizo en Capernaúm, pero Jesús no se sintió obligado a seguir los proverbios y complacer a la gente. Él dice algo muy sabio y verdadero: El campo más difícil para un pastor, profeta o cualquier ministro es su propia casa y tierra. Claro que alguien del lugar conoce el idioma y la cultura y tiene algunas ventajas en la evangelización de gente que no conoce a Cristo. Casi siempre es más económico, pero a veces es mejor enviar un misionero que no sea de ese país.

Cuando hacemos discípulos, tenemos que ayudarlos con los retos de mantener su testimonio en su propio hogar y familia. Volver a casa no es fácil; puede ser mejor aprender a ministrar en otro lugar. Jesús nos muestra que tenemos que mantener el mensaje y la unción que recibimos, y no volver a ser el "carpintero" y "el hijo de José".

25 No cabe duda de que en tiempos de Elías, cuando el cielo se cerró por tres años y medio, de manera que hubo una gran hambre en toda la tierra, muchas viudas vivían en Israel.26 Sin embargo, Elías no fue enviado a ninguna de ellas, sino a una viuda de Sarepta, en los alrededores de Sidón.27 Así mismo, había en Israel muchos enfermos de lepra en tiempos del profeta Eliseo, pero ninguno de ellos fue sanado, sino Naamán el sirio».

¿Por qué Jesús hizo enojar a la gente a propósito? Seguramente Él conoce sus prejuicios contra los gentiles. Esta no es la forma de ganar personas la primera vez que les predicas, pero eso nunca le importó a Jesús.

28 Al oír esto, todos los que estaban en la sinagoga se enfurecieron. 29 Se levantaron, lo expulsaron del pueblo y lo llevaron hasta la cumbre de la colina sobre la que estaba construido el pueblo, para tirarlo por el precipicio. 30 Pero él pasó por en medio de ellos y se fue.

La gente, por naturaleza, es voluble e inconstante. Si tú siempre quieres ser popular, vas a comprometer el mensaje y perderás la unción. Si tú predicas para recibir elogios de la congregación y no los enfrentas con su pecado y sus prejuicios, vas a perder la bendición de Dios en tu ministerio. En una iglesia, de un domingo a otro, a los ojos de la gente, tú puedes pasar de ser el mejor pastor a un falso profeta. Eso ha sucedido con muchos pastores que recibieron el bautismo del Espíritu Santo y empezaron a predicar Pentecostés.

Aquí es como si el mismo diablo hubiera entrado en ellos, y querían matarlo. No era solo un grupo pequeño o algunos líderes; *todos* se enfurecieron. Solo por un milagro de Dios, Jesús pasó en medio de ellos y se fue. No lo dice, pero imagino que fue un buen rato antes de que volviera a Nazaret. Es duro, pero a veces tenemos que aceptar que nunca vamos a tener esa aceptación en la iglesia donde conocimos a Cristo, con nuestras familias o con gente que nos conoce desde la infancia.

Otra visita a Nazaret en Mateo 13

Parece que no fue la última vez que Jesús ministró en la sinagoga de Nazaret. Cronológicamente, es difícil ubicar lo que sucede en Mateo 13:53-58, pero parece que fue un buen rato después de esa primera visita registrada en Lucas.

53 Cuando Jesús terminó de contar estas parábolas, se fue de allí. 54 Al llegar a su tierra, comenzó a enseñar a la gente en la sinagoga.

Jesús vuelve a la sinagoga para enseñar, y la gente aún no puede aceptar que tiene una unción muy especial.

—¿De dónde sacó este tal sabiduría y tales poderes milagrosos? —decían maravillados—. 55 ¿No es acaso el hijo del carpintero?

¿No se llama su madre María; y no son sus hermanos Jacobo, José, Simón y Judas? ⁵⁶ ¿No están con nosotros todas sus hermanas? ¿Así que de dónde sacó todas estas cosas? ⁵⁷ Y se escandalizaban a causa de él. (NTV: Se sentían profundamente ofendidos y se negaron a creer en él.)

Aquí lo vemos aún más claro: los vecinos de Jesús en Nazaret no esperaban que Él fuera un gran siervo de Dios. Preguntan: "¿De dónde sacó tal sabiduría?" Parece que Él no empezó a enseñar en su adolescencia, por lo que ya habría tenido la reputación de hablar con mucha sabiduría. Hay historias extrabíblicas (casi todos los eruditos creen que no son auténticas) de Jesús sanando a animalitos cuando era niño y haciendo otros milagros en su casa. Pero sus paisanos dicen: ¿De dónde sacó tales poderes milagrosos? ¡Estaban maravillados de que pudiera hablar bien y hacer milagros! Para ellos, Jesús era solo el hermano mayor de varios hermanos. Aquí nombra a cuatro hijos que María tuvo con José: Jacobo (Santiago), quien fue un líder de la iglesia primitiva en Jerusalén y escribió el libro de Santiago, y Judas, que escribió la última epístola del Nuevo Testamento. No sabemos nada más sobre José y Simón.

Pero Jesús les dijo: —En todas partes se honra a un profeta, menos en su tierra y en su propia casa.

Aquí Jesús repite lo que Lucas registró, añadiendo *"su propia casa"*. El rechazo de su pueblo natal y la incredulidad de su familia impactaron mucho a Jesús. Como hombre, igual a todos nosotros, la aprobación de la familia y la comunidad le era importante. Los cuatro evangelios incluyen una referencia a la falta de honor para un profeta en su tierra:

Él mismo había declarado que un profeta no recibe honra en su propio pueblo (Juan 4:44).

"En todas partes se honra a un profeta, menos en su tierra, entre sus familiares y en su propia casa." En efecto, no pudo hacer allí ningún milagro, excepto sanar a unos pocos enfermos al imponerles las manos. Y él se quedó asombrado por la incredulidad de ellos (Marcos 6:4-6).

¿Puede la incredulidad de la gente realmente despojar al Hijo de Dios de poder para hacer milagros? Claro que Dios es todopoderoso, pero hay muchas Escrituras que enseñan que Dios responde a nuestra fe, y que esa fe es necesaria para recibir un milagro.

[58] *Y por la incredulidad de ellos, no hizo allí muchos milagros.*

Es la experiencia de muchos ministros: pueden ir a otro país y tener un ministerio impresionante de milagros y prodigios, pero vuelven a casa y parecen perder la unción. Incluso Jesús no pudo hacer muchos milagros en Nazaret debido a la incredulidad de la gente. Sí, Dios es soberano, pero la fe de la congregación es muy importante. Donde hay mucha fe y expectativa, habrá muchos milagros. Si no esperan ningún milagro o no creen en ellos, no habrá milagros. Por lo tanto, cuando Jesús envió a los Doce y a los Setenta, si no los recibieron, Jesús les indicó que sacudieran el polvo de sus pies y abandonaran el lugar.

Cuando hacemos discípulos, tenemos que prepararlos para esta realidad. Si fue así para Jesús, seguramente será igual para nosotros. Puede que tenga que ir a otro país u otro lugar donde haya más fe y expectativas de recibir de Dios.

Su familia cree que se había vuelto loco: Marcos 3

Tal vez puedas entender la reacción de sus vecinos en Nazaret, pero María tuvo una visita angélica anunciando el nacimiento del Mesías. Pasaron unos treinta años juntos en la casa.

Seguramente hablaron acerca de la misión de Jesús, y ella tuvo que observar algo muy especial en este hijo al que dio a luz mientras aún era virgen. Pero ellos tampoco lo honraron. Jesús estaba atrayendo multitudes y estaba tan ocupado en su ministerio que ni siquiera tuvo tiempo para comer. Eso es demasiado para una madre judía.

21 Cuando los familiares de Jesús supieron lo que hacía, fueron para llevárselo, porque decían que se había vuelto loco. (TLA)

Esta era una misión familiar: Tienen que rescatar a Jesús. Literalmente, ellos dijeron: *"Está fuera de sí".*

31-32 Mientras tanto, la madre y los hermanos de Jesús llegaron a la casa donde él estaba, pero prefirieron quedarse afuera y mandarlo a llamar. La gente que estaba sentada alrededor de Jesús le dijo: —Tu madre, tus hermanos y tus hermanas están allá afuera, y quieren hablar contigo. (TLA)

Ni siquiera quieren entrar en la bulla de esa casa. María y todos los hermanos y hermanas de Jesús están afuera y llaman la atención de la multitud. Todos tienen la expectativa de que Jesús vaya a dejar todo para recibir a su familia, pero otra vez están equivocados.

33 Pero Jesús les preguntó: —¿Quiénes son en verdad mi madre y mis hermanos? 34 Luego, miró a todos los que estaban sentados a su alrededor y dijo: —¡Éstos son mi madre y mis hermanos! 35 Porque, en verdad, cualquiera que obedece a Dios es mi hermano, mi hermana y mi madre. (TLA)

Cuando entramos al 100% en la obra del Señor, incluso nuestro compromiso con la familia cambia. Jesús no va a permitir que su familia lo distraiga de la tarea sumamente importante de anunciar el reino. Cuando aceptamos a Jesús, ya tenemos una nueva familia. Claro que mantenemos la relación con la familia carnal; Jesús en la cruz confió el cuidado de su madre al apóstol Juan (Juan 19:25-27), pero ahora nuestros verdaderos familiares son aquellos que hacen la voluntad de Dios.

¿Tu familia entiende tu compromiso de servir a Dios? Pueden ser muy sinceros, pero ¿les preocupa que te hayas convertido en un fanático? ¿Intentan persuadirte de hacer menos por el reino? Seguramente hay un equilibrio saludable; ¿dedicas suficiente tiempo a tu familia? ¿Cómo está tu relación con otros que obedecen a Dios?

Incluso tu discípulo principal puede ser el instrumento del diablo: Mateo 16

Jesús acaba de anunciar su muerte y Pedro, el líder de los discípulos, tiene una reacción muy fuerte:

22Pedro lo llevó aparte y comenzó a reprenderlo: —¡De ninguna manera, Señor! ¡Esto no te sucederá jamás!

23Jesús se volvió y le dijo a Pedro: —¡Aléjate de mí, Satanás! Quieres hacerme tropezar; no piensas en las cosas de Dios, sino en las de los hombres.

Cuando Dios nos llama a una misión, para seguir el plan del Maestro o hacer algo que exige mucha fe, incluso alguien a quien hemos discipulado puede ser usado por Satanás. Es más fuerte porque proviene de alguien que amas y conoces muy bien, pero hay una respuesta muy clara que Jesús nos muestra aquí:

- Parar inmediatamente lo que esa persona quiere decir. Jesús no dio ninguna posibilidad de seguir el consejo o el plan de Pedro.

- Reconocer el origen de la tentación. Jesús no reprende a Pedro, sino al diablo. En ese momento, tenemos que renunciar firmemente a Satanás.
- Vigilar esas cosas (a veces de la gente más cercana a ti) que te harían tropezar. Aunque Pedro las dice con amor y lealtad, Jesús sabe que eso te haría tropezar.
- Evaluar si la persona está pensando en las cosas de Dios o en las cosas de los hombres. ¿Está en contra de la Biblia? ¿Es egoísta, promoviendo un camino más fácil? ¿Resulta en gloria y honra para Dios y en la expansión de su reino?

Trabaja hasta que cumplas tu propósito: Lucas 13:31-32

En ese tiempo, algunos fariseos le dijeron: —¡Sal de aquí si quieres vivir! ¡Herodes Antipas quiere matarte!

Jesús respondió: —Vayan y díganle a ese zorro que seguiré expulsando demonios y sanando a la gente hoy y mañana; y al tercer día cumpliré mi propósito (NTV).

Suena similar a lo que dijo Pedro, pero aquí proviene de los fariseos. Claramente, están pensando en las cosas de los hombres, como preservar la vida y provocar miedo. Igual que la situación con su familia y lo que dijo Pedro, detienen la obra de Dios y desvían a Jesús de su propósito. Cuando estamos en la voluntad de Dios y tenemos una meta clara, un llamado, una misión y un propósito en la vida, no podemos permitir que nada ni nadie nos distraiga.

Qué bueno sería morir sabiendo que has cumplido tu propósito. Qué bueno saber que tú has hecho tu parte para hacer discípulos y cumplir la Gran Comisión. ¿Sabes cuál es tu propósito? ¿Sigues haciendo la voluntad de Dios a pesar del peligro y la oposición?

¿De dónde proviene la oposición más fuerte en la actualidad?

17

Preparándose para la muerte

A ndar como anduvo Jesús. Es genial hablar sobre su gran amor, los milagros y el entrenamiento de los Doce, pero Jesús siempre tenía sus ojos en la cruz. Su propósito al venir a esta tierra era morir como un sacrificio perfecto por nuestros pecados.

La muerte es fea. No era parte del plan original de Dios. Fue el diablo quien vino a matar, hurtar y destruir. La muerte entró en nuestra raza cuando Adán y Eva pecaron en rebelión contra el mandato de Dios. La muerte es el último enemigo (1 Corintios 15:26), pero es un camino que cada uno de nosotros tiene que andar (si Jesús no regresa primero). Nadie quiere pensar en la muerte, pero me ayuda saber que Jesús anda conmigo en esa angustia, ya sea mi muerte o la de un ser querido. ¿Qué podemos aprender del Hijo de Dios cuando la muerte nos acerca?

Lucas 22:39-46 Busca comunión con Dios

39 Y saliendo, se fue, como solía, al monte de los Olivos; y sus discípulos también le siguieron.

Jesús salió de la ciudad por un lugar tranquilo y aislado, donde pudo prepararse para su agonía. Era un refugio, en la naturaleza,

197

en una montaña. Era un lugar favorito de Jesús, que Él frecuentaba con sus discípulos. Ya sea una cabaña en una montaña o frente al mar, deja tu rutina para buscar a Dios. Haz lo que tengas que hacer para prepararte espiritualmente.

[40] Cuando llegó a aquel lugar, les dijo: Orad que no entréis en tentación. [41] Y él se apartó de ellos a distancia como de un tiro de piedra; y puesto de rodillas oró,

Es mejor no estar solo. Cuando enfrentas la muerte cara a cara, necesitas a otros contigo, pero tú decides cuánto tiempo vas a estar con ellos. Jesús compartió su corazón con sus discípulos en el Aposento Alto (lee Juan 13 a 16). Fue un tiempo muy especial. Si acompañas a alguien cercano a la muerte, haz lo que sea necesario para darle la oportunidad de estar con la gente más importante en su vida. Mi cuñada, antes de morir, quería pasar una tarde en un bote en la Bahía de Nueva York con amigos y familiares. Desafortunadamente, nunca ocurrió, y ella solo tenía unos minutos de vez en cuando con esas personas. En una película ("Get Low"), un hombre celebró su funeral antes de morir y pasó un momento maravilloso con amigos y familiares.

Es importante tener a otros cerca, pero una persona moribunda se cansa fácilmente y tiene mucho en qué pensar. El propósito principal de ir a la montaña es orar. Con todos los médicos y visitantes, puede ser una lucha, pero busca ese tiempo de comunión con Dios y ayuda a un amigo moribundo a conseguirlo.

Luchando con la voluntad de Dios

[42] diciendo: Padre, si quieres, pasa de mí esta copa; pero no se haga mi voluntad, sino la tuya.

Habla honestamente con el Señor. Jesús conocía muy bien la voluntad de su Padre, pero en su humanidad, como cualquier hombre, no quería morir. Nadie quiere sufrir. Siempre es apropiado pedir curación y pedir que la copa amarga pase de ti.

Puede ser una lucha, pero es importante alcanzar el punto de rendición. Confía en Dios; tu vida está en sus manos, y Él sabe lo que está haciendo. Él estará contigo en el valle de la sombra de la muerte. En algún momento, todos vamos a morir. Es importante aceptar lo que Dios ha planeado para ti y estar en paz con Él. Si estás caminando con un moribundo, dale la oportunidad de hablar y anímalo a encomendarse totalmente al Señor.

[42]Y se le apareció un ángel del cielo para fortalecerle.

Ésta es la lucha de tu vida. Te quitará toda tu fuerza. No puedes hacerlo por tu cuenta, pero Dios te dará la fuerza para soportar el dolor y la separación de tus seres queridos. Tú puedes pedirle que ese mismo ángel te fortalezca, y Dios puede usarte para que seas ese "ángel". Pídele que te ayude a ministrar fuerza al que sufre.

[43]Y estando en agonía, oraba más intensamente; y era su sudor como grandes gotas de sangre que caían hasta la tierra.

Aún después de someterse a la voluntad de su Padre y recibir la fuerza del ángel, Jesús continuó agonizando en oración. Habrá días desalentadores y deprimentes, incluso después de aceptar que vas a morir y te rindes a la voluntad de Dios. En este caso, Jesús sudó gotas de sangre. Su vida misma se estaba derramando en esta gran lucha interior. No es fácil. No intentes minimizar la angustia de una persona moribunda. Ten cuidado con las palabras súperespirituales: "Confía en Dios. ¿Dónde está tu fe? Pronto vas a estar con el Señor." La angustia es parte de la muerte.

¿Por qué duermes?

⁴⁵Cuando se levantó de la oración, y vino a sus discípulos, los halló durmiendo a causa de la tristeza; ⁴⁶ y les dijo: ¿Por qué dormís? Levantaos, y orad para que no entréis en tentación.

No cuentes con el apoyo de tu familia y amigos. Ellos también están tristes y sufrirán depresión, ira y muchas otras emociones. Cuando más los necesitas, ellos pueden sentirse abrumados por sus propios sentimientos y agotamiento, incapaces de proporcionar el apoyo que necesitas. Solo Dios será tu compañero perfecto en este duro camino. ¡A veces el moribundo ministra a los demás!

Si tú te encuentras en la posición de los discípulos, acompañando a alguien en sus últimos días, escucha el clamor de su corazón. Si él te pide que ores, ora. Si él quiere estar solo, déjalo en paz. No seas tan egocéntrico que tu propia tristeza le prive de la comunión o de la oración que él anhela de ti en esos momentos.

El diablo siempre quiere aprovechar el dolor para tentarnos y hacernos dudar de Dios o caer en pecado. Sé firme espiritualmente para que no caigas en esa tentación. Solo unas pocas horas después, Pedro negó a Jesús tres veces. Él cayó en esa tentación. A veces, puedes sentirte tentado a distanciarte de la persona que está muriendo, pero ese es el momento en que más necesita tu amor. Si tú estás muriendo, puedes sentirte tentado a dudar del amor de Dios o incluso de su existencia. Ya sea la oración, las alabanzas grabadas o el ministerio de un pastor o hermano en Cristo, no te duermas. Haz lo que sea necesario para mantenerte alerta espiritualmente.

Lucas 23:26-46: Ayuda a alguien a cargar su cruz

²⁶ Cuando se lo llevaban, echaron mano de un tal Simón de Cirene, que volvía del campo, y le cargaron la cruz para que la llevara detrás de Jesús. ²⁷ Lo seguía mucha gente del pueblo, incluso mujeres que se golpeaban el pecho, lamentándose por él.

La muerte es muy humillante. Siempre podías llevar la cruz que la vida te dio, pero ahora tu cuerpo te está fallando. Jesús era carpintero y estaba acostumbrado a cargar madera pesada, pero ya había perdido mucha sangre y no podía cargar la cruz. Cuando la muerte se acerca, perdemos el control. Ya no podemos tomar nuestras propias decisiones; algún médico o pariente lo hace por nosotros. Jesús no pudo escapar de su sentencia de muerte, a pesar de que tenía el poder de llamar a los ángeles para liberarlo. Es humillante ver mujeres golpeándose el pecho, sufriendo el dolor y la agonía que estamos experimentando.

Habrá un momento en el que tendré que decir "Ya no puedo cargar esta cruz," y la entregaré a otra persona para que me acompañe en el tramo final del viaje. ¿Podrías tú ser un Simón de Cirene? ¿Hay alguien a quien puedas ayudar a llevar una cruz?

²⁸ Jesús se volvió hacia ellas y les dijo: —Hijas de Jerusalén, no lloren por mí; lloren más bien por ustedes y por sus hijos. ²⁹ Miren, va a llegar el tiempo en que se dirá: "¡Dichosas las estériles, que nunca dieron a luz ni amamantaron!" ³⁰ Entonces »"dirán a las montañas: '¡Caigan sobre nosotros!', y a las colinas: '¡Cúbrannos!'" ³¹ Porque si esto se hace cuando el árbol está verde, ¿qué no sucederá cuando esté seco?

Si realmente tenemos la esperanza del cielo, podemos decir como dijo Jesús: No llores por mí. La persona que muere en Cristo va al paraíso con el Señor. Son aquellos que quedan atrás quienes van a sufrir. Estamos en los últimos días y vamos a experimentar mucha persecución y sufrimiento en los años venideros. Es importante mantener la perspectiva que Jesús tuvo aquí, e incluso animar a aquellos a quienes vamos a dejar atrás.

32 También llevaban con él a otros dos, ambos criminales, para ser ejecutados. 33 Cuando llegaron al lugar llamado la Calavera, lo crucificaron allí, junto con los criminales, uno a su derecha y otro a su izquierda.

34 —Padre —dijo Jesús—, perdónalos, porque no saben lo que hacen.

En esta vida, siempre habrá personas que te ofenden, incluso en las últimas horas de tu vida. Desafortunadamente, hay muchas personas que no saben lo que están haciendo y actúan por ignorancia. Algunos son sinceros; realmente pueden creer que están sirviendo al Señor o al estado. Tenemos que evitar un complejo de persecución, que es muy común en la iglesia actual.

Se necesita mucha gracia para perdonar a la persona que te está matando. Hoy hay historias de mártires que perdonan al hombre que está a punto de decapitarlos. Varias veces Jesús dijo que Dios no nos perdonará si nosotros no perdonamos a otros (Mateo 6:14-15; 18:21-35). En los días previos a la muerte, es esencial examinar el corazón para ver si hay alguien a quien debas perdonar. Intenta ponerte en contacto con esa persona y arreglar las cuentas antes de morir. Mantén ese corazón de perdón hasta la muerte, agradecido a Dios por la confianza de que todos tus pecados son perdonados. Si tú estás cuidando a un moribundo, con mucha ternura ayúdalo a examinar su corazón y perdonar a cualquiera que lo haya ofendido.

Juan y Jacobo querían sentarse a la derecha e izquierda de Jesús, en su reino. Ahora, en su muerte, Jesús tiene criminales a su derecha y a su izquierda.

No puedes llevarte nada contigo

Mientras tanto, echaban suertes para repartirse entre sí la ropa de Jesús.

Esta ropa era la única posesión de Jesús, y la perdió aquí. Él probablemente estaba completamente desnudo en la cruz. Es difícil ver a otros tomar un automóvil querido o luchar por una posesión atesorada, pero la muerte hace que sea muy obvio que las cosas materiales no son tan importantes. Si no estás apegado a ellas, será más fácil dejarlas ir cuando se acerque la muerte. Jesús tenía prendas gloriosas esperándolo en el cielo, las cuales Pedro, Jacobo y Juan vieron en el Monte de la Transfiguración. Su túnica era solo para su vida terrenal. Toda esa ropa y otras cosas no son realmente tuyas.

Tú puedes ayudar a una persona moribunda a disponer de sus bienes. Se necesita mucha sensibilidad y mucho amor, pero es mejor que ver a la gente echar suertes y luchar por ellos.

[35] La gente, por su parte, se quedó allí observando, y aun los gobernantes estaban burlándose de él. —Salvó a otros — decían—; que se salve a sí mismo, si es el Cristo de Dios, el Escogido. [36] También los soldados se acercaron para burlarse de él. Le ofrecieron vinagre [37] y le dijeron: —Si eres el rey de los judíos, sálvate a ti mismo. [38] Resulta que había sobre él un letrero, que decía: «Éste es el Rey de los judíos.»

He visto a alguien sufrir en su lecho de muerte, con una multitud de familiares y amigos mirándolo. Puede ser que en ese momento quiera estar solo. Es muy fácil que alguien se burle de la persona enferma y hable sobre su pasado, sus errores y sus debilidades. Intenta ayudar a un moribundo a mantener su dignidad. Jesús podría haber dicho muchas cosas desde la cruz o maldecirlos. Él no dijo nada. Ellos no tenían idea de lo que estaban diciendo.

Hoy estarás conmigo en el paraíso

[39]*Uno de los criminales allí colgados empezó a insultarlo: —¿No eres tú el Cristo? ¡Sálvate a ti mismo y a nosotros!*

[40]*Pero el otro criminal lo reprendió: —¿Ni siquiera temor de Dios tienes, aunque sufres la misma condena?* [41] *En nuestro caso, el castigo es justo, pues sufrimos lo que merecen nuestros delitos; éste, en cambio, no ha hecho nada malo.*

[42]*Luego dijo: —Jesús, acuérdate de mí cuando vengas en tu reino.*

[43]*—Te aseguro que hoy estarás conmigo en el paraíso —le contestó Jesús.*

Ésta es la última oportunidad de salvación. Una vez que estás muerto, no hay posibilidad de arrepentimiento ni perdón. Hay algunos, como el primer criminal, que solo piensan en cosas superficiales en ese momento. Algunas personas se enojan con Dios (y con todos los demás) cuando se acercan a la muerte. En lugar de humillarse, se aferran a su orgullo. Es interesante que Jesús nunca respondió al primer criminal. Tal vez él sabía que era demasiado tarde para arrepentirse y ser salvo.

Incluso con sus últimas respiraciones, Jesús estaba ministrando a los demás y dándoles la bienvenida a su reino. ¡Que podamos dar testimonio de la bondad de Dios y atraer a otros a su reino en nuestros lechos de muerte!

Consumado es

⁴⁴ Desde el mediodía y hasta la media tarde toda la tierra quedó sumida en la oscuridad, ⁴⁵ pues el sol se ocultó. Y la cortina del santuario del templo se rasgó en dos. ⁴⁶ Entonces Jesús exclamó con fuerza:

—¡Padre, en tus manos encomiendo mi espíritu!

Y al decir esto, expiró.

Con sus últimas palabras, Jesús entregó su vida a su Padre. He escuchado muchas historias de un hombre moribundo que espera ver a un ser querido antes de morir; una vez que lo vio, sintió la paz de morir. Parece que tenemos cierto control sobre el momento exacto.

La muerte es cruel. Incluso el creyente más fuerte puede sentirse abandonado por Dios. ¡Está bien gritarle al Señor! Por supuesto, esta fue la primera vez en toda la eternidad que Jesús fue separado de su Padre, mientras llevaba los pecados de toda la humanidad. Esa es una carga abrumadora que ni siquiera podemos empezar a comprender. En el Evangelio de Juan, Jesús dice: *"Consumado es"* (Juan 19:30). Él logró lo que vino a hacer. Su trabajo y su vida habían terminado. Qué triste es ver morir a alguien con remordimiento por problemas no resueltos y relaciones arruinadas. Trata de vivir de manera que puedas decir "Consumado es", sabiendo que has hecho la voluntad de Dios y puedas esperar escuchar "Bien hecho, buen siervo y fiel".

Cuando lleguemos a ese punto, la gran empresa que levantamos, la hermosa casa que construimos y la gran cuenta bancaria no importan. Sí, podemos dejar una herencia a nuestros hijos, pero qué hermoso sería morir también rodeado de hijos espirituales y algunos de los discípulos que hemos formado. ¡Qué glorioso saber que comenzamos una multiplicación de discípulos que han alcanzado a miles de almas para la salvación!

No sabemos cuándo vamos a morir. Jesús sabía cómo terminaría su vida, pero muy pocos de nosotros lo sabemos. A veces, la muerte llega a una edad avanzada; a veces, después de una enfermedad prolongada, en la que se nos dice cuánto tiempo nos queda. Pero a menudo, un hombre sale de su casa por la mañana y pierde la vida en un accidente de tráfico. Los hombres en buen estado físico pueden morir repentinamente de un ataque cardíaco o ser asesinados. Tenemos que vivir nuestras vidas como si este pudiera ser nuestro último día. Mantén cuentas cortas con otras personas. No esperes para arreglar las cosas con Dios. No desperdicies tu tiempo ni tu vida; haz que cada momento cuente. Aprende de Jesús cómo acercarse a la muerte, la tuya o la de alguien más.

Conclusión: Estaré contigo siempre

Mateo 28:16-20

Los discípulos pasaron tres años caminando con Jesús; tres años observándolo y aprendiendo a andar como Él anda. Ahora es el momento de ponerlo en práctica y establecer la iglesia, el Cuerpo de Jesús en la tierra. Lo que llamamos la Gran Comisión (el tema de este libro) está entre las últimas palabras de Jesús para ellos:

Los once discípulos fueron a Galilea, a la montaña que Jesús les había indicado. Cuando lo vieron, lo adoraron; pero algunos dudaban. Jesús se acercó entonces a ellos y les dijo: —Se me ha dado toda autoridad en el cielo y en la tierra. Por tanto, vayan y hagan discípulos de todas las naciones, bautizándolos en el nombre del Padre y del Hijo y del Espíritu Santo, enseñándoles a obedecer todo lo que les he mandado a ustedes. Y les aseguro que estaré con ustedes siempre, hasta el fin del mundo (Mateo 28:16-20).

¡Incluso después de tres años caminando con el Hijo de Dios y viéndolo resucitado, algunos dudaban! ¿Cuál eres tú? ¿Eres un adorador? ¿O todavía tienes dudas? Adorar es más que cantar alabanzas, adorar es servirlo y adorarlo. Después de leer este libro (y los dos primeros de esta serie), si realmente quieres andar como Jesús anduvo y ser su discípulo, aquí hay siete puntos para orientarte en ese camino:

1. El Padre le ha dado a Jesús toda autoridad, tanto aquí en la tierra como en el cielo. Si eliges someterte a su autoridad, ella fluirá por medio de ti para hacer posible lo que Él te manda a hacer. Jesús comparte contigo su autoridad para sanar, liberar y predicar la Palabra.

2. Tienes que irte. Puede que tengas que esperar el bautismo del Espíritu Santo, como Él los mandó en Hechos 1. Pero si el mensaje de este libro ha tocado tu corazón, estás listo para ir bajo la autoridad de Dios y alcanzar a mucha gente, siguiendo el plan del Maestro. En el primer volumen, aprendiste lo que significa andar como Jesús, y en el segundo tuviste la oportunidad de inyectarte con el ADN del reino. Ahora has visto claramente la importancia del trabajo en el reino. Esta es tu oportunidad de decirle a Jesús: "Heme aquí, envíame a mí."

3. Tu tarea principal es hacer discípulos. No conversos, sino estudiantes entregados a Jesús que caminan como Él anduvo.

4. Es una obra misionera; Jesús nos envía a las naciones. Si no vas a ellas, tienes que orar y apoyar la obra mundial de la iglesia.

5. El bautismo de identificación con Jesucristo y unión con Él y su Padre, y la llenura del Espíritu Santo, tienen que ser partes integrales de tu ministerio. El bautismo es para aquellos que han tomado la decisión de ser discípulos de Jesús y están dispuestos a aprender y obedecer su Palabra.

6. Los evangelios van a ocupar una posición central en tu vida y tu enseñanza. El fin no es solo mucho conocimiento, sino también mucha obediencia. No puede ser selectivo; Jesús espera que obedezcamos todo lo que Él nos mandó.

7. En todo, la promesa es por su presencia siempre contigo. La experimentarás más cuando estés ocupado en lo que te mandó hacer.

¿Cómo es que Él estaría siempre con ellos, cuando muy pronto ascendería a su Padre? ¿Cómo es que siempre está contigo? Él compartió el secreto con ellos en el Aposento Alto la noche de su arresto (Juan 14:15-21). Yo lo he modificado para que se aplique específicamente a ti:

»Si tú me amas, obedecerás mis mandamientos. Y yo le pediré al Padre, y él te dará otro Consolador para que te acompañe siempre: el Espíritu de verdad, a quien el mundo no puede aceptar porque no lo ve ni lo conoce. Pero tú sí lo conoces, porque vive contigo y está en ti. No te voy a dejar huérfano; volveré a ti. Dentro de poco el mundo ya no me verá más, pero tú sí me verás. Y porque yo vivo, también tú vivirás. En aquel día tú te darás cuenta de que yo estoy en mi Padre, y tú en mí, y yo en ti. ¿Quién es el que me ama? El que hace suyos mis mandamientos y los obedece. Y al que me ama, mi Padre lo amará, y yo también lo amaré y me manifestaré a él».

¿Amas a Jesús? ¿Son meras palabras, o estás listo para obedecer lo que te manda en la Gran Comisión? Cuanto más andas en ese amor y obediencia, más experimentarás el amor de Dios y la plenitud de su Espíritu.

¿No tienes muchos recursos? ¿Eres parte de una iglesia pequeña? ¡No importa! No necesitas una iglesia grande o hacer cosas muy grandes. Dios multiplicará lo poco que haces. La naturaleza del reino es de crecimiento impresionante, como vemos en estas parábolas.

Parábola de la semilla que crece

Jesús continuó: «El reino de Dios se parece a quien esparce semilla en la tierra. Sin que este sepa cómo, y ya sea que duerma o esté despierto, día y noche brota y crece la semilla. La tierra da fruto por sí sola; primero el tallo, luego la espiga, y después el grano lleno en la espiga. Tan pronto como el grano está maduro, se le mete la hoz, pues ha llegado el tiempo de la cosecha» (Marcos 4:26-29).

Una parte integral del reino de Dios es esparcir la semilla de la Palabra. Hay varias fases en el crecimiento de esa semilla, pero Dios da el crecimiento, hasta que llegue la cosecha. ¿Estás esparciendo la semilla de la Palabra? ¿Hay grano maduro a tu alrededor? ¿Sabes cómo ponerle la hoz? ¡La cosecha puede estar muy cerca!

Parábola del grano de mostaza

También dijo: «¿Con qué vamos a comparar el reino de Dios? ¿Qué parábola podemos usar para describirlo? Es como un grano de mostaza: cuando se siembra en la tierra, es la semilla más pequeña que hay, pero una vez sembrada crece hasta convertirse en la más grande de las hortalizas, y echa ramas tan grandes que las aves pueden anidar bajo su sombra» (Marcos 4:30-32).

Hay mucha semilla sembrada en todo el mundo. Dios toma la semilla más pequeña y da el crecimiento. Ahora podemos esperar una expansión, una multiplicación de todo lo que se ha sembrado a lo largo de los siglos. Dios quiere que su reino se convierta en algo grande y poderoso, que brinde protección y cobertura a las multitudes.

Andando con Jesús en los Hechos

La experiencia de estos apóstoles se registra en el libro de los Hechos. Nuevamente, Jesús les da la promesa del Espíritu Santo y su propósito.

Una vez, mientras comía con ellos, les ordenó: —No se alejen de Jerusalén, sino esperen la promesa del Padre, de la cual les he hablado: Juan bautizó con agua, pero dentro de pocos días ustedes serán bautizados con el Espíritu Santo. Cuando venga el Espíritu Santo sobre ustedes, recibirán poder y serán mis testigos tanto en Jerusalén como en toda Judea y Samaria, y hasta los confines de la tierra (Hechos 1:4, 5 y 8).

El bautismo en el Espíritu es esencial para evangelizar y hacer discípulos hasta los confines de la tierra. El último volumen de esta serie contará cómo ellos seguían andando como Jesús y empezaron a cumplir la Gran Comisión, con una multiplicación milagrosa de discípulos. En la historia de la iglesia ha habido muchos altibajos; grandes avivamientos y momentos en que perdemos de vista esta Gran Comisión. Estamos muy cerca del regreso de Jesucristo. Este es un momento muy especial para trabajar con todas nuestras fuerzas para cumplir con su Comisión.